U0011504

失去心跳的勇氣

重「心」出發
活出雙倍精彩的第二人生

黃健予 著

CONTENTS

目錄

楔子

【第一章】・歸零

【第二章】・復健

CONTENTS

目錄

【推薦序一】

成就圓滿與共好

樂山教養院院長／張嘉芳

報考政大EMBA時，剛結束借調至安寧照顧基金會的工作，歸建回馬偕紀念醫院任職社工一職。面對從事了近十年的非營利組織管理職，原本打算選唸政大聞名的NPO組，沒想到報考時該組已停止招生，只好轉唸屬性上較為相近的「文化創意科技與資通創新」組，卻意外成為踏出人生舒適圈的美好插曲。在商學院環境中，從事社工工作者實為少見，猶記得當時身為本班班代的毛哥，在閒聊中得知我從事的工作後，驚訝的問了一句：「妳唸社工就算了，妳還真的去當社工啊！」讓我大笑不已。可能，從事賺不了錢的工作，基本上就和商學院有些格格不入！更特別之處是，主責器官捐贈的業務，再加上過去在安寧的經歷，工作似乎總和死亡脫不了關係，這點比賺不了錢更讓同學們覺得驚奇。只是，萬萬沒想到，正因著器官捐贈的因緣，開啟了與毛哥更意外且深刻的交會。

談及器官捐贈，多數人並沒有太多的想法，甚至覺得有些晦氣，不想去談。一直以來，對人們不愛討論死亡相關議題的心態，頗能理解也習以為常。因此，在相關宣導推廣時，總是抱持「願者上鉤」的心態，強調自己沒有「業績壓力」，不希望因此造成聽者過多的壓力與抗拒。然而，無論器捐或安寧，都有一個共通點，都是必須面對與接受死亡近在眼前的事實，才有可能好好去思考與決定，自己的選擇究竟是什麼？

有趣的是，死亡存在的目的，並不是要大家成天小心翼翼擔心受怕、避之唯恐不及；更不是要人們時時戰戰兢兢、天天在為死亡作準備，卻忘了好好去活。

它是一個提醒：你所擁有的一切，都有結束的一天；此生，總有面對交卷驗收的時刻。而你／妳，想過什麼樣的人生？此生所為何來？

只是，人生，從來不是等你規劃好，才開始的！我們總是且走且看，邊做邊學，慢慢體悟到——原來，失落與死亡，竟是每一個人無法迴避的人生功課與結局。這百分之百的機率，有備始能無患——惟有事先準備，才能換得在面對時不驚慌失措的可能。所謂的知死有備、樂活善生。

回顧器官捐贈工作中，總思考著，什麼樣的大愛能讓人在慟失至親悲傷之際，仍願意成全家人幫助別人的心意，忍受後續必要、繁複且冗長的醫療過程。這是在陪伴每一例個案與家屬的過程中，一直讓自己深刻感動之處。二〇一六年隨著毛哥從心肌梗塞、接受手術、使用葉克膜、等候移植……，到奇蹟似地得到捐贈的過程，當年一次次的深刻與切切感動，於心中一再被翻攪重溫。毛哥短短十天中的經歷，身旁的人卻是一生難忘；原來，受贈者與家屬所經歷的忐忑與折磨，除了痛苦焦慮、徬徨不安，還要加上時間的向度；不單單只是祈求順利等到捐贈的珍貴機會，面對移植後的人生，更需要有勇氣去面對必要的長期醫療，以及承擔與活出不辜負的人生。而在這點上，毛哥確實成為最佳的印證與實例。

上帝用奇妙的方式，讓我有機會看見器官捐贈者與接受移植者間的奇妙連結，因著捐贈者與家屬願意成全與助人的起心動念，給予接受器官移植者有再一次重獲生命的機會，繼續人生。捨與得之間，或許各有不同的風雨與故事，但卻能因著走過生命刻骨銘心的歷程，來得以成就捐與受之間的圓滿與共好。

【推薦序二】

Heart to heart

台北市臨床心理師公會理事、臨床心理師／黃龍杰

兄弟，為你活下去，
這話並不肉麻。
不相識，卻交了心。
非親非手足，卻成肺腑。
你我何只肌膚之親，
根本推心置腹。

你離開，使我留了下來。
你是我的前生，
我是你的轉世。
爵士鼓伴著靈魂樂，
你和我，幾乎是一個人。
你，就是我心裡的話。
Heart to heart……

——《心裡詩》

【推薦序三】

可以救活一萬人的好書

暢銷書作家、惠文高中圖書館主任／蔡淇華

「我想要出一本書，寫我死過一次的故事。」

第一次看到健予，是在台北的寫作課。他坐在第一排，相貌堂堂，眼神凝定，卻流露超乎年齡的滄桑。

之後透過熱烈的對話，才知道他九死一生的跌宕人生。

「我一定會幫你，不管是文字，還是出版。」我撫膺一諾。

我當然要幫，我一定要讓大家知道健予的故事，一定要讓這一本書的出版帶動台灣的器官捐贈風潮！

因為我知道，台灣平均每天約有一萬等待器捐的人們，正在垂死邊緣，他們與死神拔河，但往往是落敗的那一方，因為供需失衡，因為簽署器捐的國人數量不足。

我也是器捐的受益者，因為引導我進入寫作世界，改變我一生的摯友，一樣是在四年前換腎重生。這幾年因為人間有他相伴，我感恩活著的每一天；因為溫熱的血液仍在他身上流淌，我的文字才能持續勇猛精進、奔流成河。

然而，更多的人們，不像我一樣幸運，將至親留在身邊。他們求的不多，就是一張器捐同意書，一張允許心臟繼續跳動的同意書。

如同健予一次演講的經驗：「你們若想知道自己的家人在哪兒？可以來聽聽我的心臟……抱抱我……」然後一位婦人和親人來到台前，用力的抱著黃健予，聽著他的心跳，眼淚就在四個大人間蔓延開來。期待朋友們抱抱這一本驚心動魄、撕心裂肺、卻又刻骨銘心的「健予重生故事集」。也希望因為這一本書的出版，可以帶來更多可貴生命的重生！

是的，這是一本可以救活一萬人的好書！一本令人心馳神迷的好看的書，邀請您翻閱每個嘔心瀝血的章節，也期待書中每個字，因為你的動心起念，轉世為台灣明日的心跳聲！

【推薦序四】

一個自帶影響力的人

輔仁大學副校長／謝邦昌

認識 Jerry 很久了，但是從他念 EMBA 開始，才有了更多密切的師生情誼。有時候 Jerry 會客串我演講的主持人，總是談笑風生，讓現場的氣氛迅速火熱起來，Jerry 就是這樣一個，自帶發電機的人！

那幾年看他課業、事業兩頭忙得風風火火，每次見面總是帶著微笑，感覺世界都在掌握之中；但沒多久就聽說他病倒了，大家祈禱著想幫他渡過難關，但沒多久就聽說他遇到了一顆配對的心臟，順利完成移植手術。Jerry 就是這樣一個能讓你看到很多奇蹟的人！

這幾年他沉潛寫書、拍攝紀錄片，想要把自己的故事告訴所有人，想要用他自身的經歷，讓所有在生命中遇到挫折的人，都能從他的故事裡找到屬於他們自己的答案，這份勇氣與毅力，讓我們身為人師者，也著實深受感動。

當他邀請我為他的新書寫推薦序，我很高興地答應下來，因為這次我又看到Jerry積極想要發揮他的影響力去影響更多的人；不管你在社會上、在家庭裡、在生活中面對多少挫折，看完這本書，你會勇敢活出屬於自己的人生，我想這就是屬於他最終的使命吧。

這就是Jerry，一個永遠自帶影響力的人。

……

楔子

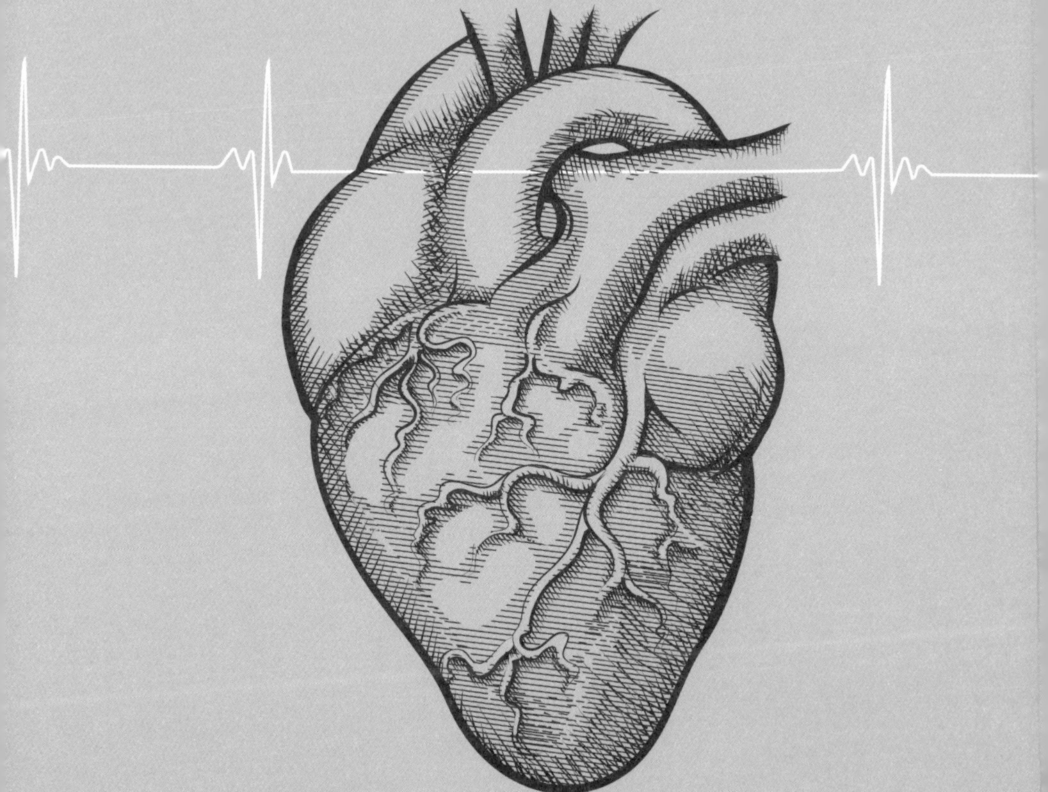

總有朋友問我：這些年你是怎麼走過來的？

在回答這個問題之前，我先說一個禪宗的故事：有一個老和尚和一個小和尚下山化緣，回到山腳下時，天已經黑了。小和尚看著遠方，擔心的問老和尚：「師父，天這麼黑，路這麼遠，山上還有懸崖峭壁，我們只有這麼一盞小燈籠，怎麼回到家啊？」老和尚看著他，平靜地說了三個字：**「看腳下。」**

走過了四年的復健之路，當有一天再回過頭的時候，發現走著走著，自己已經走了這麼遠的路了。顧炎武五十歲時，曾寫詩以明志：**遠路何須愁日暮，老年終自望河清。**儘管天色已暗，路途仍長，但也無需憂慮；自己年雖垂暮，猶信太平可期。於是向古人借鏡，雖已垂暮，也要用盡洪荒之力，寫下了這本書，獻給所有還在努力奮鬥的你。

01 序言：尋找凱卡波爾塔小門

奧國作家史蒂芬．褚威格在他著名的《人類群星閃耀時》這本書中，講述的十四個改變了歷史的天才及決定時刻的瞬間，其中一四五三年三月二十九日拜占庭帝國也就是所謂的東羅馬帝國被土耳其人攻陷的歷史，這場著名戰役，凡是喜歡歐洲歷史都知道這是一個如史詩般壯烈的故事；當時拜占庭帝國的首都君士坦丁堡，被奧斯曼帝國的穆斯林軍隊團團包圍，情況最危急之時，歐洲各國合盟的援軍及時出現在海平面上集結緩緩向君士坦丁堡前進，人力的優勢一瞬間又站在拜占庭帝國這邊；眼看奧斯曼帝國的征服霸業即將功虧一簣，危在旦夕的拜占庭又燃起了炙熱求生存的士氣；但是一個隨機的意外事件，卻對人類的歷史做出詭譎莫測的裁決。

此時，出現了不可思議的情況，幾個土耳其士兵穿過外牆的缺口侵入距離內城垣不遠的地方閒晃著，突然發現內牆有一個小門，在令人難以置信的疏忽之下，小門竟然沒關，這個歷史學家稱為「凱卡波爾塔的小門」讓土耳其的精銳前鋒在毫無抵抗的情況之下進城，一場殘忍的血洗屠殺終止了這場著名戰役，就此改變了歐洲的命運，讓東羅馬帝國徹底滅亡，同時很多歷史學家也把這場戰役當作是歐洲中世紀的結束點。

歷史學家記下了這段歷史奇蹟，也給了這個奇蹟的瞬間一個輝煌的名字：「凱卡波爾塔小門效應」，他們想要我們記住一件事：**每一段不為人知的孤軍奮**

戰，都在叩響你的幸運之門 - 凱卡波爾塔小門。

回到二〇一六年的九月，我剛從病床上醒過來，身體和心理都有一種跨不出去的痛；處女座的人本就對自己要求的近乎苛刻，每每想起年過半百、身體有著殘疾，我就痛苦的覺得活不下去，那種身體上的痛，或許給我一點時間就熬得過去，但是心理上必須找到活下去的理由，才能有繼續堅持下去的勇氣。我想，我是得了「生命意義缺乏症候群」，找不到自己實際的存在感了！

生病前我雖然還不了解生命幽黯輪迴的啟示，但也沒有非得把自己看得這麼重要，重要到想把自己的故事寫出來。直到我經歷了這些，我才下定決心寫下我的故事，希望有一天，你可以透過閱讀我的故事，觸動你心中那曾經的柔軟，讓你想起那些屬於你自己生命中的美好。如果年輕人覺得自己一無所有，如果中年人覺得自己懷才不遇，如果銀髮族感嘆自己已經黃昏遲暮，請給自己一個夢想，懷抱一個夢想只是需要一點勇氣，而你自己**每一段不為人知的孤軍奮戰，其實都在叩響屬於你自己的幸運之門**；希望我的故事能像是蒲公英的種子，隨風飄向陌生的心田裡，只為了點亮一個原本屬於你的靈魂。

勇氣（courage）這個字根源於拉丁字根cor「心」，代表著勇氣要與心同在，現在我的身體裡將永遠駐守著受贈者的奉獻，也許這就是某種讓我支撐下去的理由，終此以後我與身體裡的受贈者，將要一起努力、一起活出兩倍的人生。

向閱讀這本書的你致敬，也許你一無所有，但，至少請你在面對自己的人生時，即便孤軍奮鬥，也要懷抱最大的勇氣，因為你永遠不知道你即將會碰到什麼樣的未來，當你做足準備，命運之神告訴我們：你會看見你的凱卡波爾塔小門正在向你招手！

02 故事的開始，走在崩潰邊緣

故事的開始，我想先聊到一本義大利文藝復興時期小書「十日談」上面的故事：一個親身目睹羅馬天主教會腐敗的猶太教徒，最後竟然還決定皈依天主教，作者薄伽丘安排這個猶太教徒做出了這個反轉邏輯的決定，也是我覺得這則「十日談」故事中最經典的篇章：猶太教徒說教皇、主教和教士們本應該是天主教最重要的基石與支柱，但他們的貪婪與濫權卻無時無刻不在腐蝕天主教的民心，不斷地挖天主教的牆腳，但無論他們如何的作威作福，天主教卻仍然屹立不搖，反而日漸發揚光大；他認為這一定是天主教有偉大的聖靈在背後支撐，也顯見天主教一定有比其他宗教更加神聖的地方。（薄伽丘：十日談，第一天：第二個故事）

二〇一六年，當時我在一家科技公司擔任合夥人兼策略長，負責行銷業務的策略規劃，不料產品出現嚴重瑕疵，服務推廣遇到重大挫敗，公司開始大量裁減員工，五月我出現在裁員名單上，是名單中職位最高的主管。三十年的職場生涯，最後竟然是被合夥人掃地出門！

離開胼手胝足的公司，瞞著家人，我維持著每天固定的作息，接送老婆小孩上班上學，然後一個人坐在大同大學的圖書館吹了一個月的冷氣。為了轉移注意力，我專心籌備EMBA102級畢業班活動藉以遠離沮喪，一個人假扮學生，中午在學生餐廳蹭著五十塊錢的便當，一方面開始找尋其他的工作機會，但是機會離我好遠……五十二歲已經是一般人的職涯後期，沒有獵人頭公司願意幫我尋找適當的職缺，每天蹭著學生餐廳的自助餐，心裏擔心著連停車的錢都快沒了。

此時資策會找上了我！他們需要一個產業推廣處的管理師。

一個資策會最底層的職缺！

在這之前，我早已風聞資策會惡名昭彰的組織文化，也早已知道這個基層的管理師職缺是個推坑的陷阱，但我沒有選擇的餘地，一個沒有戰場的將軍，它的價值還不如一個在戰場上吹號的小兵！

於是我想起了文章開頭的十日談當中的這個故事，為了說服自己接受這個機會，這次我用故事裡猶太教徒的視角來說服我自己：如果這個體制看似全是問題，但是卻發展得很好，背後一定有不被一般人注意到的價值。照理說，這麼腐敗糟糕的組織文化，員工跟客戶應該早就跑光了，但是他們這些年還能持續承接政府許多重大的資訊標案，這說明他們也像故事裡的天主教一樣，也許是有「聖靈」在背後做支撐，一定有別於其他公司更有價值的地方；如果我能找到組織中的這種核心能力，也許可以讓我的經驗賦予彼此雙贏的價值。這不知道從哪裡來的自信，雖然天真，但是我沒有選擇！

從上班的第一天開始，我就不斷被告誡不要套用過往的經驗來檢視資策會的文化，所以我燃起新人的熱情，積極融入這個擁有眾多博碩士的菁英組織，但面對法人機構先天的不同邏輯，即便我天天加班、熬夜，似乎仍然無法迎合我主管的期望，企劃案被打臉、會議記錄被退稿、廠商服務無法達標、輔導新創事業沒有績效，甚至連公司裡面的核銷系統都三番兩次的被嚴厲糾正，與這些小我一輪的同事們相處，面對這些價值觀差距造成的冷霸凌，我畢恭畢敬到不敢在辦公室裡喘氣。直到有一天帶著新創團隊參加某育成中心舉辦的創新創業提案，主管一通火氣十足的電話要我立刻回辦公室，電話中的她認為我在上班時間擅自外出，為此，我終於和這個體系爆發嚴重衝突。

這次的衝突事件，變成壓垮我自己身體的最後一根稻草，當晚在回到家中的停車場後，無預警的昏倒在車上，等我醒來已經是凌晨兩點，車子還沒熄火，我毫無頭緒發生了什麼事情，以為只是驚險的運氣好沒有昏倒在途中，此時身體健康的惡化讓我警覺到該做個了斷了！

過沒多久，我提出了辭呈，不意外，我並沒有受到慰留，並且即刻敲定了最後離職日期為：二〇一六年八月八日！

資策會在父親節為我的職涯劃下一個休止符，沒多久，我的人生也幾乎戛然而止！這個中場時間來的好快，快到沒有任何的灰度空間，就在八月八日撕裂了我人生的上下半場。而我要告訴你的這個故事，就從二〇一六年八月八日的傍晚開始了……

第一章

歸零

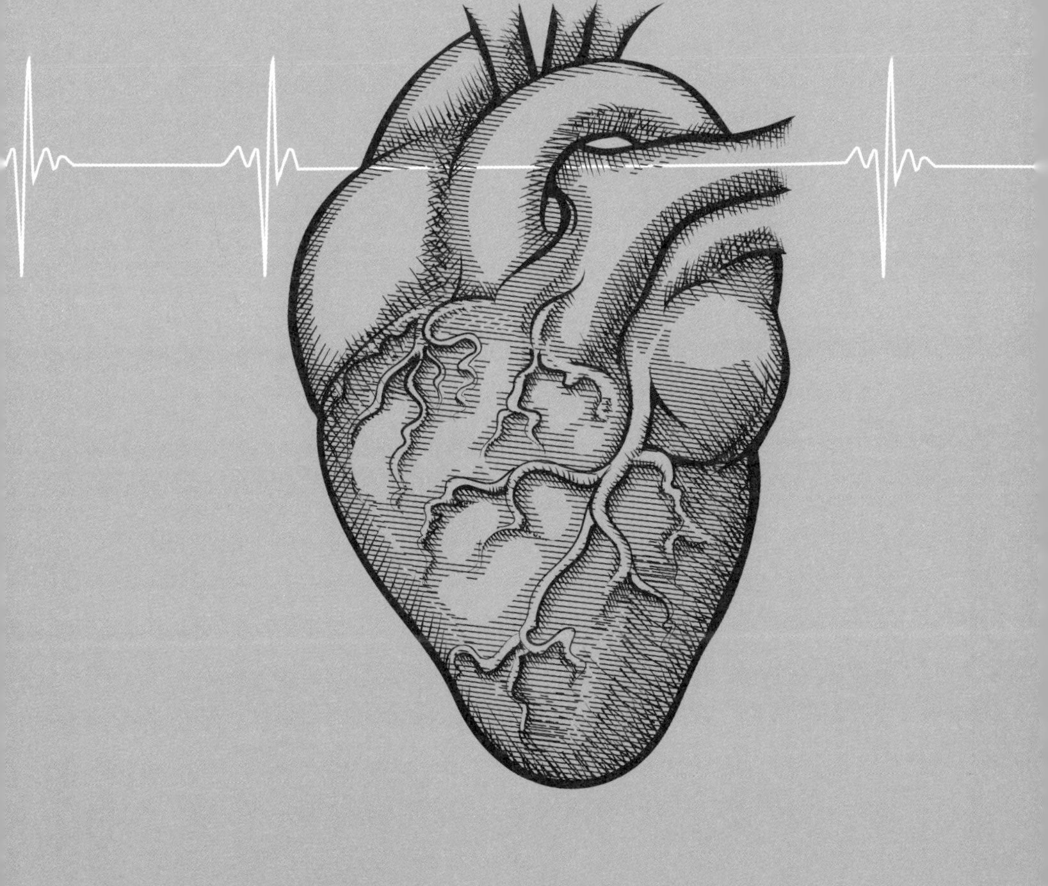

01 急性心肌梗塞

輕輕撫著胸口這條長長的血痕，似乎還在輕輕說著那一天的故事……

總算辦完最後一道手續，完成在資策會的交接，身輕如燕踏出資策會在南港的行政總部，隨即開車返回汐止，這天是二〇一六年八月八日，待在資策會的最後一天，最終倉促離開輔導國內新創的崗位，似乎也看到了新創市場飄搖的景況。

任職資策會的時間並不久，從自己手創的公司跳槽到另一家公司需要一點勇氣，如果不是國內顧問型公司的生存不易，誰願意在年過半百還找自己的麻煩，加上資策會的工作壓力龐大，面對各公務部門的婆婆媽媽，專案會議常常從下午檢討到半夜，熬夜準備好資料，準備明日再戰，這樣日復一日的挑戰，任誰的體力也承受不起。

突然看到桌上的健檢報告，兩個月前為了進資策會才做過的健康檢查，心臟電腦斷層的數字正像儀表板上的紅燈，不斷閃爍、發送著警告訊息，腦海中又浮現了當初醫生的對話：「心臟電腦斷層出來的數值已經到了極危險區域，建議你要不要做一個心導管手術檢查一下？」

「心導管手術？為什麼？」

「你的冠狀動脈疑似粥樣硬化，心肌梗塞的風險會相當高。」

一般心臟病可分為先天性心臟病、風濕性心臟病、高血壓性心臟病和冠狀動脈心臟病。其中「冠狀動脈心臟病」是當冠狀動脈發生粥樣硬化導致動脈失去原有的彈性，管壁變厚、變硬，內腔逐漸變窄或堵塞，造成血液不易流通，會讓心臟肌肉因為缺血而壞死。心絞痛、心肌梗塞是常見的冠狀動脈心臟病，更是形成猝死的主要原因。

「心導管手術就是做個侵入式的小手術，檢查心臟周邊的血管阻塞情況，這樣比較保險。」

「風險大嗎？」

「只是從動脈伸進一隻導管，查看一下血管，如果發生阻塞狀況，立即置放支架，可以避免心肌梗塞的發作。通常一天準備、一天做手術，一天做術後觀察，如果沒問題三天後就可以出院。」

醫生鉅細靡遺地說明讓我更加害怕，直覺就抗拒、排斥這個「沒必要」的檢查手術。

我答應考慮看看，逃出醫院時，心裡在嘲笑著：「打死我也不要來做這種檢查。」

一個錯誤的決定，賠上了一趟鬼門關。

收回思緒，拉開資策會的大門，直接開車轉向汐止，今天是父親節，跟老婆約好吃頓飯，提早到了餐廳。

燥熱的八月讓我滿身大汗，我有點喘不過氣來，把西裝外套脫掉，拉開領帶，突然的暈眩讓我從椅子上滑了下去，只覺得心口疼痛劇烈，痛楚擴散至左臂、肩膀，全身冷汗直流、呼吸困難。終於警覺身體出現了狀況，我讓老婆陪我出去叫了計程車，一路請司機狂駛急奔至汐止國泰急診室。

急診室的醫生拉了擔架衝出來，一把把我從計程車裡拉上擔架，我還有一點意識，但是雙眼已經逐漸失明；醫生問了我的姓名，我已經答不上來，接著我被除去了外衣，接上心電圖，確定是急性心肌梗塞，開始了一連串激烈而狂暴的急救過程，我漸漸失去了意識，卻將周遭的環境雜音聽得清清楚楚，身體好像陷入了無重力的月球，在六分之一的重力之下，時而沉陷、時而漂浮。我找到一些討論死亡案例的文獻上，死亡初期會處於一種無重力的漂浮中，當我回頭關注急診室這一切的過程，我只覺得一種淡淡的情緒蔓延，沒有哀傷，沒有痛苦，似乎這一切都與我沒有任何關係了。

看起來我的狀況已經極度危急，急診室的值班醫生看到狀況不對，緊急從國泰醫院召喚心臟內科醫師前來手術。

我在急診室注射了大量的抗凝血劑，試圖先行溶化塞住血管的血栓，緊接著做了心導管手術。

在X光機的引導下，心導管從鼠蹊部的動脈切入，一路尋找造成心血管阻塞的血栓，在左心室冠狀動脈發現障礙點，根據醫師的回憶，阻礙點的動脈內腔已呈現塌陷的狀況，就像隧道施工遇到坍塌一樣，施工部隊的導管一路到這裡就完全無法挺進，時間一分一秒的過去，內視鏡的導管無法過去，更別說要置放撐開的支架，我的血管壁已經糜爛到沒有作為，幾個鐘頭的搶救完全失敗。

這時發現我的狀況比原先料想的還要危急，確定是急性心肌梗塞，同時已經產生心因性休克；急性心肌梗塞患者約有七～八％會產生心因性休克，約十％是剛到院時即發生。「休克」是臨床上經常面臨到的一個急症，是指身體的血液循環不夠，造成組織氧氣供應不足，所造成的一種狀態。休克依其造成的原因不同，心因性休克是左心室衰竭造成、最嚴重的臨床表現，它代表心肌大範圍壞死，一旦發生急性心肌梗塞併發心因性休克，治療預後的狀況非常不理想，死亡率通常在八成以上。是一項死亡率相當高的疾病。

站在旁邊的急診醫師，決定將我轉院處理，這看似轉移醫療人球的無良行為，卻是讓我救回一條命的重要關鍵。心臟內科的心導管手術失敗之後，唯一的方法只能轉心臟外科緊急手術。這分分秒秒的救命時間都不能耽擱，急診室醫生開始撥給全台北市的心臟外科，救命的時機只剩這最後的機會，偏偏台大、榮總、一間一間找下去，完全沒有空床，命懸一線的病人只能祈禱老天的奇蹟出現，但是時間真的不多了。

突然急診室醫生大吼一聲：「找到了」，振興醫院剛剛清出一張病床。在一團低迷的氣氛裡，似乎又看到了一絲光明；振興醫院的心臟外科團隊剛剛收下病歷，願意接手。

數年後，在一次的回診中，我採訪了振興心臟外科的主任：當時為什麼願意接下這個必死無疑的燙手山芋？主任笑著說：「做為心臟急症的後送醫院，振興從來不會、也沒有拒絕的權利！」

振興不愧是國內最專業的心臟外科醫院，他們迅速的組合急救醫師及醫護人員，隨同急救設備帶上救護車，一路駛向汐止國泰救人；我被醫療管線五花大綁的送上救護車時，生命跡象已經在讀秒中逐漸衰退，到院前，心跳呼吸中止……這群振興急救人員很有經驗，在電擊與強心針的強力支撐之下，我勉強維持生命跡象直到進了振興開刀房，此時距離我病發倒下，已經超過了四個多小時……

心臟停止七十三分鐘

振興心臟外科的醫師，成了我日後的貴人；此時距離我心肌梗塞發作已經超過四個小時，在做完置入氣球擴張術之後，發現心肌壞死面積已經無法估計，只能先切斷病根，直接在開刀房進行冠狀動脈繞道手術。手術中，靜脈的一端連至主動脈上冠狀動脈的發源處附近，另一端則連至冠狀動脈阻塞處之後。這可以使血流繞過阻塞處，自主動脈直接送至較下游的冠狀動脈。此時判斷三根冠狀動脈已經糜爛兩根，於是先從左小腿上取下一條大隱靜脈，置換兩根冠狀動脈來創造新的血流通道，在心臟停止七十三分鐘之後，完成心臟三大手術之一的冠狀動脈繞道手術。

原以為手術相當成功，卻因為在急診室中注射過多的抗凝血劑，造成手術後的大出血，經過大量輸血之後，病況才又恢復穩定；漫長的急救，終於在十二小時後告一段落。

回到手術恢復室，前面似乎還有一段漫長的路要走，術後恢復狀況如何？心肌壞死的面積有多大？這一切都得等待時間來考驗，這一刻，更容易讓人感慨：死亡跟明天哪一個先到？再回首台灣這十幾年死於急性心肌梗塞的青壯人士，也許他們就是少了那麼一點運氣跟機會；

二〇〇三年——柯受良

二〇〇七年——馬兆駿
二〇〇八年——廖風德
二〇一一年——茂伯
二〇一三年——戎祥、徐生明
二〇一四年——趙舜
二〇一五年——施寄青、翁大銘
二〇一六年——蔡辰洋、郭金發
二〇一七年——秦金生、鄭問、劉文雄
二〇一八年——馮定國、馬如風
二〇一九年——林清玄、高以翔

我們追思這些台灣的菁英份子，但凡大人我們都有一種僥倖的心態作祟，在被心臟內科醫生警告時，其實我已經犯了一次的錯誤，這個錯誤讓我險險進了鬼門關，但是再回頭想想，埋下這個地雷，卻是早有跡象：

從衛福部發布的心血管疾病的十大風險因子：遺傳、性別、好發年齡、抽菸、糖尿病、血脂異常、肥胖、缺乏運動、生活壓力、高血壓等十項因素來看，我除了沒有糖尿病，也沒抽菸，其餘的八項風險均昭昭在列。

我心存僥倖想和死亡對賭，最後輸了，輸了的下場幾乎就是一條命！

02 側錄倖存者家人

從餐廳還能走著出來，卻在上了計程車之後不支倒下。當我意識逐漸迷糊之前，我提醒老婆晚上可能會很難熬，讓他去找佩芸過來陪他，最終失去意識之前說了句「很不甘心」，這句話成了昏迷前的最後一句話。

急救過程相當冗長，心血管蹋陷造成心導管手術完全無法進行，急診醫生注射了大量的抗凝血劑，試圖溶化塞住心血管的血栓，當整個急救任務失敗之後，急診醫師從急診室出來，一雙布滿血絲的雙眼，整個人似乎蒼老了半個世紀，吐出的第一句話，就是要「轉院做外科手術」。此時心肌梗塞的黃金時間正在隨著每分每秒消逝，老婆焦慮的心情可想而知。

當確認振興心臟外科願意接手的那一刻，整個急診室似乎才又動了起來，所有醫療器材需要打包上車的、可以留下的，都由急診室護理師有條不紊的分類處理，他們能體諒焦急的家屬卻完全幫不上忙的心力交瘁，時不時向我家人彙報最新的狀況，一直到振興的急救團隊隨著救護車到達現場，由振興團隊接手之後，我老婆才坐上救護車，一路警笛大作，在台北汐止之間，掀起一陣狂嘯而過的風。

救護車司機是個老經驗的師傅，他提醒坐在前座的家人不要回頭，不要看也不要聽，當下還以為是種禁忌，事後才知道這是老司機的體貼。

急性心肌梗塞伴隨心因性休克，造成心肺功能的急速惡化，在到院前，呼吸心跳驟然停止，在急救團隊拿出電擊器之後，老司機再一次提醒我老婆不要回頭看、不要聽！伴隨著電流打擊在身上的劇烈聲響與陣陣的焦臭味道，此時後車廂呈現一種與生命搏鬥的肅殺氛圍，即使再堅強的人，此時也不免會感嘆在生老病死面前的無奈與狼狽吧。

03 一命換一命

做完心臟繞道手術回到加護病房，在等待心臟能自主恢復原來的跳動之前，陳醫師幫我裝上了葉克膜，爭取讓我的左心室能恢復自主的供血及跳動的時間。等待的時間對我猶如一瞬之間，但對於家人朋友而言，那種焦慮的心情，不啻生死之間的遙望。

日子一天天的過去，指數卻是一天天的衰退，心肌壞死的面積過大，左心室衰弱的無法恢復有效的搏跳，我的重症等級立刻升高到極度危險區；心臟是生命的幫浦，尤其是左心室，負責將攜帶氧氣的血液送到全身各個器官，正常情況下，左心室每一次收縮會射出百分之五十至六十的血液，稱之為射出分率，當射出分率減少到二十以下，將會產生嚴重的心衰竭症狀，這就是心臟衰竭的臨界點；終於到了退無可退的時刻，醫師決定做心臟移植手術，這是唯一救回我的機會，但沒有人祈禱能出現一顆適合移植的心臟，因為這是一命換一命的手術，一個奇蹟的出現，代表一個生命的殞落。

台灣目前對於器官移植的程序相當嚴謹，要求只有於腦死判定後，才能進行器官摘取。「人只能是目的而不能是他人的工具」，這是器官移植必須堅守的原則，也因此衍生出，須得捐贈者同意，且須在其被判定死亡後摘除器官的法律規定。看過東野圭吾《人魚沉睡的家》一書的人，應該都能意識到：原來「腦死」

議題竟有著千絲萬縷的變數，包括醫療科技的進步以及社會觀念的變化等，致使「腦死」判定與「器官捐贈」行為間的某些衝突，使得大眾有所質疑而無法取得共識。命懸一線的我等到心臟捐贈的機率有多少？來得及在心臟衰竭之前完成心臟移植嗎？從現實看來，這簡直是一項不可能的任務！

趁我甦醒的時候，醫生希望能讓我親自同意這項心臟移植手術，避免日後產生統合協調的認知問題；從昏迷的狀態下醒過來，暈眩之間點頭同意這個手術，這也是我自己在求生的過程中最關鍵、也是唯一的一次決定。當我再度昏迷之後，我一度做了個清晰無比的夢，夢中好朋友願意用他的心臟來換我一命，我全力掙扎抗拒，但四周一片死寂，昏迷中的我繼續沉睡在渾渾噩夢之中。

這一命換一命的人情，我一輩子還不起！

隨著左心室的射出分率每分鐘已經降到二十以下，我的重症等級也升高到極度危險的「1A」等級，達到優先等候移植順位，主治醫師決定幫我掛進了全國心臟移植的等待名單之中，這個名單的順序，決定了等待心臟的時間，也決定了生命延續的最後一線機會。

八月十七日，距離心肌梗塞後第九天；嘉義長庚醫院一名腦溢血病患二度判定腦死，雖然生前並未簽下器官捐贈同意書，但家屬移情做大愛，當下決定捐出所有器官遺愛人間。這時我的心臟移植排名，也因為病況極度不樂觀，已經升高到第二順位，眼見當下心臟移植的機會即將錯失，這時陳醫師做了一個攸關生死的決定，他打電話給已經等待移植多年，目前排名在我前面的第一順位患者了解狀況，沒想到第一順位病友的主治醫師此時剛好出國，讓我有了遞補的機會，就這樣，漫漫十天的等待之後，二〇一六年八月十七日下午，醫療團隊與我的家人被緊急召喚回院準備手術，等待心臟從嘉義快遞北上，一路從高鐵轉搭救護車，在醫療小組專人運送之下，我的心臟在晚上九點四十到達手術室，開始漫長十二小時的心臟移植手術。

心臟移植手術有多難？當我們了解心臟移植手術是一種內臟器官移植的心臟外科手術，不同於其它器官移植手術，在徵得供體本人及親屬同意的前提下，心臟移植手術一般是將已判定為腦死亡並配型成功的人類的心臟完整取出，移植並替換到所需患者胸腔，使患者暫時康復的高難度同種異體移植手術，由於受到來自科學技術和社會文化兩方面的影響，加上等待時間長、器官排斥大、捐贈者受體選擇標準嚴格、捐贈流程繁複、倫理、宗教和各種傳統文化的影響，才知道心臟移植手術至今仍被視為一種非常規型高風險醫療項目。

完成一台一命換一命的大手術，從痛的歡愉當中醒過來；痛，讓我知道我還活著，雖然肉身沉滯，但腦袋還是聒噪跳躍；我成了振興編號第四六一號換心者，有了編號也從此有了新的生命，跟老天借了時間，這應該是一個重新與我的人生和解的機會吧？放下過去的執著糾結，第二人生，就此開始！

04 器官捐贈卡

人活到了中年，厭惡的已經不只是生活，還有自己。大凡到了這把年紀，總想做些有點意義的事情勝過多賺一點錢。以致於一個起心動念的想法，成就了下半場人生的故事。

暫時拉回到二〇一三年，故事的原點，從一張器官捐贈卡開始。

我在政大ＥＭＢＡ最後一屆筆試中僥倖正取，班上同學來自各行各業，皆為一時俊碩，政大的NGO（非營利事業組織）課程在業界頗具指標性，吸引了不少資深社工的報考。班上同學芳就是一位負責器官捐贈業務社工，他每天熱血的叨唸著器官捐贈這件事，鼓勵同學簽署器官捐贈，讓我們在臨終之前，可以自己主動表達器官捐贈的意願。但這份熱心並沒有換來太多的熱情，即便到現在，每年國內的器官捐贈人數與實際的需求量仍然有相當大的落差，社會風氣如此，同學的冷漠可想而知，更何況生死議題並沒有納入商學院的課程當中，預死與瀕死討論，很難顯露出與人共感的心情，更別說器官衰竭瀕臨生命威脅病患因獲得捐贈器官而得以重生的這件事情與我何干？芳的語氣溫柔堅定，卻始終無法突破同學心防，心裡委實不捨，我便主動伸手要了一張器捐同意書，就這樣，一個起心動念，我申請了一張器官捐贈卡，根據這張器官捐贈卡，將會在我的健保卡上註記：同意在我腦死之後，將尚可使用的器官，以無償方式捐贈給合適的病患，以幫助其恢復健康，改善生活品質。一個不知何時可以兌現的意念，卻在兩年之後，陰錯陽差反成為受贈者，也意外的見證了自己的奇蹟。這讓我特別能感受到所有的緣分好像都歸因於這張「器捐卡」，從當下的起心動念，譜出了我的生命故事。所以每次當我在講故事的時候，我都喜歡用這張器官捐贈卡來當作一個起點：因為因緣俱足，才能成就這份不可思議的大愛。

生命中的黑天鵝總是讓人猝不及防，卻又總是在生命間隙當中留下了一些蛛絲馬跡，然後讓你在生命轉折的地方，隱隱地發現了所有的答案。

05 找不到出血點

又開始發燒了。這次來勢洶洶，還伴隨著腹痛，立馬就進了急診室。

主任巡房問我：「怎麼了，肚子痛？」他敲敲肚子，確認痛點，下了一個會診大腸直腸科主任指令，「很嚴重嗎？」我憂心的問問，主任頭也沒抬：「怕很麻煩。」誰能預料果真一語成讖，這一住下來就跨了年。

隔天大腸直腸科主任一早就來，問診、排檢、抽血，都是例行公事，我還悠哉的放空了一個早上，下午排定檢查還沒走完，護理人員就衝進來，我被護理長按回床上，只見她一路推著我在走廊飛奔，還一路覆述醫囑，「你的血紅素過低，推測體內已經出血，擔心你會立即休克，所以安排你回到加護病房。」

在醫院哪有不折騰的，天天翻來覆去地檢查、打針吃藥，這一過就將近四個禮拜，這四個禮拜不斷出血，我就不斷地輸血，但檢查報告又看不到任何出血點，主任懷疑大腸，安排做大腸鏡，清腸折騰完一天，臨上開刀房前，主任猶豫了，我的體況賭不起這個手術的風險。尤其是近期曾發生心肌梗塞，在進行大腸鏡檢查時需要停用抗血小板藥物與抗凝血劑，可能因為停藥而發生凝血栓塞。就這樣在開刀房前被推回加護病房待檢，這一來一回的折騰，嚇得我原本失血的臉色就更慘白了。

第二天清晨，當我正睜開眼皮，突然發現大腸直腸科主任一臉滄桑地坐在我床邊，滿眼血絲，似乎才剛從刀房出來，忍不了這種尷尬的氣氛，我先講話了：

「胃鏡或者大腸鏡都沒辦法找到出血點時該怎麼辦？」

「目前我們可能可以考慮血管攝影，去找找看有沒有任何出血的地方。如果找到了，就可以考慮用血管栓塞的方式，或者在那個定位打一些有助於止血的藥物。」

「都找不到怎麼辦？」

「有時候不管我們做了血管攝影還是找不到出血點，或者是出血狀況實在太嚴重了，那就可能要考慮用手術治療了。用剖腹探查的方式去找到出血點然後作處理。」

我聽的頭皮發麻，又要手術？

「當然這是最後一步，我會再嘗試一下，盡量避免在你現在的狀況再開一次刀。」

♥第二奇蹟

「目前無論是手術治療或血管攝影或大腸鏡的方式都不能使用時，僅能憑X光攝影，困難度增加非常多。」

戴上手套，主任在床邊直接叫我側躺做了內診，沒想到這石破天驚的一指，破了四週找不到出血點的魔咒，終於在一指長的距離摸到潰瘍點。

「原來在這裡，既然找到原因了，我們馬上開刀。」

三天後的早晨，排進了開刀房第一台刀，這次用腹腔鏡手術，手術後主任安排對家人做了說明：「心肌梗塞當時的休克造成直腸缺血性潰瘍，因為壞死部位較大，剛才已經在手術中直接切除直腸。」

沒想到下一句話，更讓大家目瞪口呆：

「算是命大，如果潰瘍進去一點，手指摸不到，這下子不知道還要再找多久。」

「如果潰瘍出來一點，切除部位過多，就得一輩子做人工肛門了。」

生命奇蹟一樁接一樁，感謝老天在山窮水盡之地，卻又總能讓我絕處逢生，讓我可以很真誠的面對未來，其實是很掙扎，卻又是不得不坦然的人生！

06 醒了

勉強睜開了眼，眼睛才瞇成一條縫，雖燈光微弱，眼睛還是不太能適應這種刺激；應該是後半夜了，燈光調成暗黃色，我不喜歡這個顏色的燈光，會把所有東西都照成蠟黃色的，不過我怕黑，還好有一點微光，可以讓我看清楚周圍的環境，牆上有個掛鐘，鐘上面的指針指著三點半。很少人能半夜裡醒來還能直覺分辨午夜時間的，以至於這一天醒來，發現牆上時鐘的時間，竟然與我心裡猜測的時間分毫不差，險些被自己嚇著。

不過很快我就知道，這不過是一個巧合，而現在我最大的問題，是我在哪裡？針刺般的頭痛，帶著宿醉後的天旋地轉，時間，對我來說，跟這個旋轉的世界一樣，沒有任何真實感。午夜也好、白天也好，我已經完全沒有記憶發生了什麼事？

慢慢適應了這種蠟黃的燈光，神經慢慢感覺到兩隻手跟兩條腿無法動彈，難道我中風了嗎？喉嚨裡插著一根相當不舒服的喉管，插得很深，管口固定在口腔裡，無法吐出來，一緊張我就感覺到呼吸更不順暢了，一口痰卡在喉嚨差點喘不過來，我無法不去思考怎麼擺脫這根塑膠管，想壓抑自己被插管的恐懼，卻制止不住反射動作讓舌頭去舔拭，舔到舌頭嘴唇都破了，滿嘴是血味我還靜不下來，心理的恐懼讓我開始不斷發抖，連呼吸都開始很不自然……我開始瘋狂拉扯綁在手腳上的布條，發出了很大的聲音，終於有人過來了，一道陰影一把抓住我的雙手，一面試圖安撫我：「你醒啦！」

「現在是二〇一六年八月二十日半夜三點半。」

「你兩天前剛做完手術回到加護病房，現在你的心肺功能還在恢復之中，為了幫助你好好呼吸，所以我們先幫你做插管，會有點不舒服，為了怕你亂動這些管線，所以我們先把你綁住，你不要緊張，為了讓你舒服一點，我請值班醫師過來再幫你打些鎮定劑，你可以好好的再睡一下……」

插管正式名稱是氣管內插管，是把一根人工氣道內管經由病人口腔或鼻腔穿過喉嚨與聲門進入氣管深處。插管主要是為了要解決病人呼吸困難、呼吸微弱、沒有呼吸、氧氣不足、呼吸衰竭等問題。

根據日後我的主治醫師陳醫師的回憶，我的移植手術一開始並不順利，在時間非常緊急的情況下，配對的心臟太大，這是緊急狀況下能配對到的權宜之計，陳醫師也表示這是沒有辦法中最好的選擇，因此一顆太大的心臟就這麼擠進我的胸腔中，也虧得振興團隊精湛的技術，移植過來的心臟在排擠、犧牲了左肺空間後，竟然還能順利併排合作起來，自此我的新心與左肺就在相擁相依的狀況下和平共存著。

我醒了，經歷了一場重大的手術之後，終於醒了，看著滿身的生化管線與無法行動自如的四肢，突然間沮喪的念頭，帶著一種茫然跟負面的情緒強烈湧上來，我不知道日子要怎麼走下去？也不知道將來還會發生什麼事？在沒有時間的加護病房裡，只剩下儀器單調的電子音和未知的恐懼瀰漫在整個空間裡。未來……還能有未來嗎？

07 出院

二〇一六年那個詭異的春天，經歷那麼久，從百花凋零看到春花初綻，一直到夏蟬安靜下來。終於，收拾好待了有一世紀的病房，我要出院了！

熬了半輩子，我一直很努力，想要擁有一個勝利的人生，熬到人生撞了牆、遇到了生死的關卡，才被迫停下來看看，感覺人生就像是一場玩笑，只是當自己全神貫注在扮演自己的時候，永遠只會沉默地吞下所有的淚和笑；直到當我站在另一個人生的視角去觀望我自己時，才發現人生就像是看了一場電影，我死裡逃生，只是讓我預先透支了結局，也因為預習過這樣的境遇，倒也不用為了人生下半場的曲折鋪陳而懸心掛念，慢慢懂得回望站在原點的自己，懂得，我得開始去面對一個新的人生！

其實只是不想讓自己措手不及，便開始著手研究了健保署二〇〇三年至二〇一四年整體心臟移植的資料，一、三、五年病人存活率分別為七十九％、六十九％、六十二％，振興醫院心臟移植的存活率稍微好一點：

> 第一年存活率爲八十六％，五年存活率爲七十五％，十年存活率爲五十九％，十五年存活率也有五〇％，爲了維持良好的保固品質，醫師囑咐：每週二複診，每週回醫院做復健兩次，要保持良好規律的生活！

維持規律對於處女座的人不難，難在住家離就診的振興醫院太遠，在簡單的成本計算之後，回家太遙遠，這樣吧，在醫院附近租間旅館，生活起居也好打理！於是在醫院附近的旅館住了下來，才一晃眼，離開家已經八個月了，回家不再是一條簡單的路，真是道阻且長：

從來沒有離開過城市，不會有今非昔比的感慨；沒有北漂遊蕩的魂魄，不會有近鄉情怯的鄉愁。

回到原點的路原比我想像的要困難多了。在病床上少了四十公斤，造成兩腿肌肉萎縮；心因性休克，造成我的大腦受創，平衡感消失、海馬迴受損；急性視網膜動脈阻塞讓我幾乎失去一個眼睛，在人生的巔峰上碰到這種挫折，我開始害怕去碰觸生命，不願接觸各種生老病死的議題，每天把自己關在小小的房間裡，舔拭自己的傷口，我更害怕自己是不是就這樣永遠沉淪下去？

好在生命不是這樣的；當你幼稚，才能體會它的純粹；因為無知，才能在生與死的鋼索上跳舞；就是因為我的幼稚與無知，所以生命總是讓我找得到出口，它教我的方法，就是「站起來，走出去」。

我開始復健重訓，站起來、面對它，

堅持運動復健去克服長期臥床的肌肉萎縮；

我風雨無阻的運動，就爲了刺激腎上腺與心臟之間的協同；

我考上輔大商研所博士班，就爲了積極去面對生命的未知；

我到處演講生命故事，就爲了用分享去豐厚我的人生。

人生的路有時候不是你可以選擇的，我只能故作堅強或者選擇遺忘，於是，二〇一七年，顫顫巍巍重新站上舞台，雖有「物是人非事事休，欲語淚先流」的感慨，然而身心像是被大雨洗滌過一般，終於，我要回家了！

第二章

復健

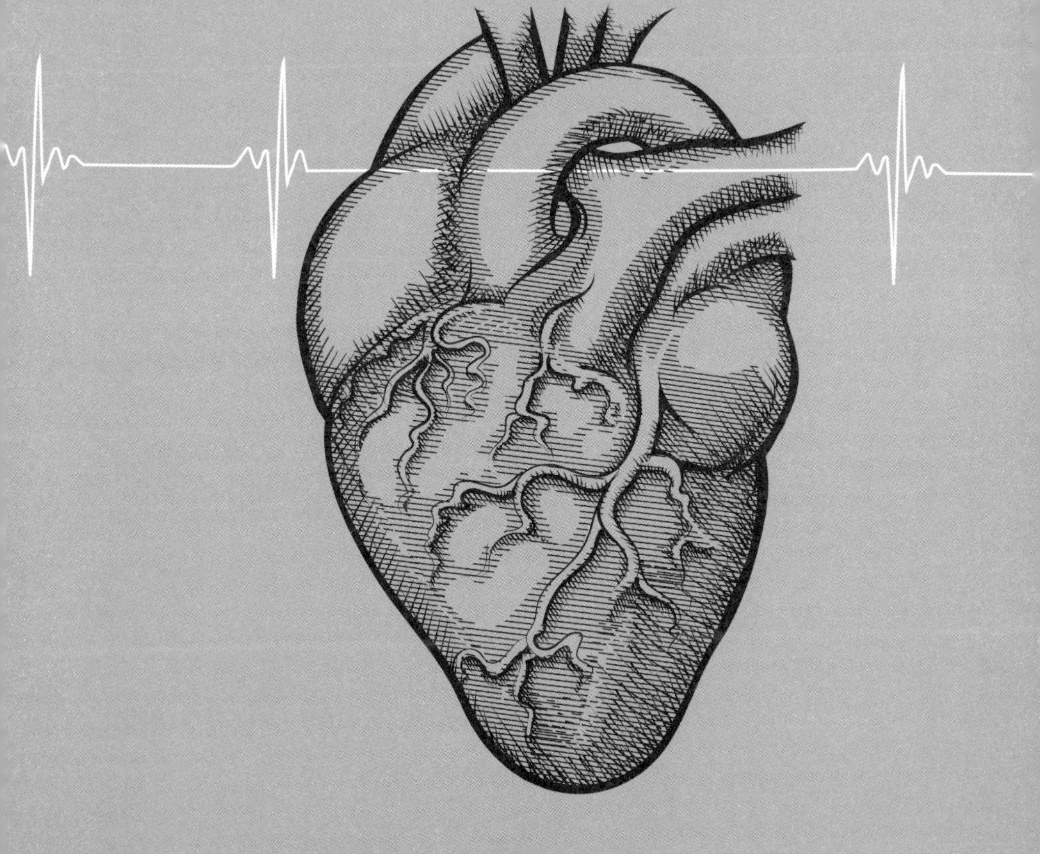

01 溺水

主任第一次回診時就特別提醒我；你的心臟沒有神經喔！往好處想：它以後不會跟你發神經了！哈哈哈……

這種無厘頭的笑話經常出現在我的門診對話中。

主任是個宅心仁厚的大嗓門，這種無厘頭的笑話我也司空見慣，但少了神經會怎麼樣嗎？

「心臟在你身體運動需要大量氧氣時，因為沒有神經無法立即感受到身體對氧氣的需求，所以無法刺激心跳來加速血液的循環。」「在運動後的前十分鐘，你會明顯感受到呼吸急促難熬，這時身體含氧急遽下降，大腦會虛擬出現溺水訊號。」「這會讓你呈現溺水的徵狀，同時出現反射性求生的痛苦。」

人類的心臟都由迷走神經與交感神經交織成心神經叢。分布至心肌調節心臟活動並且負責傳導心臟感覺至大腦。「你這些控制心率的神經在移植手術中都被切斷了！」這也意味著你的大腦不再有以前的控制能力，心臟的泵浦功能以往受到神經調節，交感神經和副交感神經的共同作用，使得心臟能為身體在各種狀態下提供合適的工作效率。但切斷以後，將不再受到神經的控制，大腦會改變指令，讓體液來進行調節：這時血液中的腎上腺素和去甲基腎上腺素就能引起心律加快，讓心臟收縮力增強，傳導速度加快。主任提醒我：這需要一點時間，每個人的狀況不一定，但約莫在十分鐘左右，身體的腎上腺開始收到訊號，這時才會快速啟動心臟的搏動，「所以一定要撐到十分鐘」，你的腎上腺就會來救你；感覺是一句玩笑話，卻足足讓我吃了半年的苦頭。

果然，第一次的復健就讓我狼狽的想撞牆！萬萬沒想到，缺氧竟是如此恐怖。

走在跑步機上的第十分鐘，呼吸開始急促、心悸、頭腦發脹，我幾乎是癱在跑步機上，復健師抱住我，但顯然並沒有讓我停下來的指示，我扶著把手，大口喘息呼吸，直到幾乎用盡我胸腔裡最後一息氧氣撐著不倒，我閉上眼睛，眼前漆黑一團，視力失去功能，我失去平衡，苦苦的等待腎上腺前來解圍。

主任果然沒有騙我。幾分鐘後我的胸腔開始吸到空氣，腦殼內嗡嗡作響的聲音開始消退，溺水嗆痛的感覺在十五分鐘後突然消失，我彷彿被救上了岸邊，癱在扶著我的復健師身上。感恩老天又讓我回來了一次，這種感覺不像是做了十五分鐘的復健快走，反而像是身體經歷了沉到河底又被打撈上岸的神奇旅程。只是溺水現象還會一次次的發生在復健初期，每一步路，都是向老天借來時間，每一滴汗，都是灌溉未來的養分，每一滴淚，都在滋養生命的感恩，我還有很長的一段路要走，只能透過長期、持續的運動，才能永保腎上腺與心臟的即時配合，兄弟們，希望你們好好合作！

生命果真會不可思議地自己找到出口！

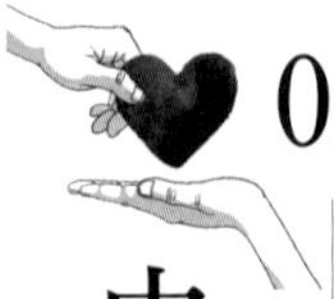

02 中風

深秋的週末，窗外的景色似乎有點蕭瑟，我住在十一樓隔離區的外科病房，聽不到一絲大廳的人聲鼎沸。

窗外的太陽黃澄澄的，透過雙層隔音玻璃之後，已經不太刺眼；我總是坐在輪椅上，看著磺溪旁邊的小公園綠蔭蔥蘢，許多老人和外籍移工晒著太陽，吹著涼風，一派悠閒。那個方圓不過十坪的小公園，我把它取名叫磺溪公園，公園上有溜滑梯，簡單的兒童遊樂設備，是一個最常見的社區型公園，但此刻卻是我心中最想去的地方。

護理長鼓勵我站起來，這樣等我身體好一點也可以下去礦溪走走；我被眼前一片靜好歲月鼓舞著，抓著助行器，顫顫巍巍就從輪椅上爬了起來，但雙腳還沒準備好，臥床萎縮的肌肉總是把我拉回輪椅上，只要牽扯到傷口，那都是一陣刺骨錐心的痛。

我總是抹著一把鼻涕一把眼淚，想著要去溜滑梯的動力，一次一次的練習站起來、坐下去，一方面防著牽動到傷口，一方面讓自己專注在運氣用力，不用一分鐘，不僅大汗淋漓，體力也消耗殆盡。早晚練習過了幾天後，蹣跚走路的樣子總算有點起色，拿著助行器也越見俐落。護理長看到我越走越穩當，總是誇張的提醒我在醫院不要「超速」，我開心的當作是種讚美！

有天早上在走廊散步時遇見了護理長，他一把抓住我，問我：「你怎麼走路會歪一邊？」我茫然沒有意識到有什麼問題，護理長讀懂了我的一臉茫然，把我抓回病床上，下午就有醫生來病房會診，並且立即安排了腦部電腦斷層檢查，隔天腦神經外科醫生來了，一開口就嚇人：「你中風了。」醫生看出了我緊張的眼神，低頭看著病歷，做了解釋：「腦血管栓塞引起之突發性失明，也就是血栓塞住了你的腦血管，壓住左邊的視網膜，看起來你並沒有全盲，但可能有一個眼睛看不到。同時因為視網膜受體神經細胞長期缺血，致使細胞軟化萎縮，失去正常生理功能，除了視力嚴重下降，這部分是沒有辦法再回復的！」當我張大嘴巴還沒有回過神來，醫生又捕了一句：

「這不用開刀吃藥，三個月就好了。」聽到這句話：心裡直呼「好險！」沒想到劇情還沒結束，醫生又開口神補了一刀：「你三個月後就會習慣了。」

「腦中風是腦血管發生突發性血流障礙，導致意識或神經功能受損急症神經系統疾病，病發後通常是非死即殘，只有二〇～三〇％患者恢復良好，呈現輕度殘障，其他七〇～八〇％的患者都會遺留下智能、飲食、語言及肢體方面的障礙。你很幸運，什麼都沒有影響到，只是少了一半的眼睛。」

重建過程中，視覺果然逐漸退化，半盲造成心理嚴重的疏離感，也會自我設限形成社交障礙，過度的敏感滋生著自卑，終究，我還是回不去正常的體況。不過我總是記得這位腦神經外科醫生的幽默：人生如戲，戲中有梗！他讓我在重建生命的過程中逐漸接受現實的不完美。

萬物皆有裂痕，那是陽光照進來的地方！

03 假性中風

打開振興「心臟重建中心」厚重的玻璃大門，裏頭先進的跑步機整排佇立在窗前；這兒就是我手術後最重要的復健基地。每週有兩次我在這裡接受術後的運動復健，貼上心電圖、戴上血氧機，站上跑步機之後的生理機能讓復健老師一目了然。

我有一台偏好的二號跑步機，視野剛好可以讓我透過落地玻璃，看到一排獨棟洋房，遠眺磺溪，我總幻想走在屋頂上，從一棟屋頂跳到另一棟的陽台；我也喜歡用眼睛去追逐變幻莫測的雲彩，讓思緒飄到磺溪公園去放風箏，此時的我像是一個正常人的輕旅行，心情輕鬆，枯燥的跑步時間就感覺縮短許多。

今天剛好又是陳老師值班，陳老師是我第一個復健老師，從我蹣跚學步一路陪我到健走如飛，是最了解我的人。今天是他值班，我心裡顯得輕鬆許多。但開場的狀況不太順利，沒預約到二號跑步機，處女座的執拗已經犯了嘀咕，走起路來總沒有以前的輕盈。走沒幾分鐘，陳老師把我喊卡，問了我很奇怪的問題：「這幾天，你一直都這麼走路的嗎？」明白我的走路模式在心理上一直沒有什麼改變，陳老師把我從跑步機上拉了下來，讓我在平地試走了幾步，「你有沒有發現你的左腳一直沒辦法抬高？」我試著轉轉我的腳踝，將我的腳底板抬高一點，發現完全動不了，「怎麼會這樣？」陳老師說了他的觀察：「我發現你的左腳一直摩擦到地面，但右腳不會有這種情形，所以判斷你的左腳出了狀況。」

我試著再將左腳板抬高，果真無法移動半分。

「你現在走路要特別小心一點，千萬不要跌倒了。」才說完，果真就踉蹌了一下，左腳竟然被平地給絆倒。陳老師建議我，觀察幾天再回醫院看門診！

「為什麼？不就是走路不順罷了？」

「我擔心你有點中風。」

「什麼？……」

第二次聽到這個名詞，我已經鎮定許多，但還是免不了揪心。回到家，我拼命用木板打著左腳底板，一板一板打得震天價響，就是希望刺激神經，期待能有奇蹟出現。我像瘋子一樣的打我自己的腳底板，打一板、哭一陣，哭得心碎了，腳盤還是抬不起來，我繼續打到腳底泛紅、疼到沒知覺，手沒力氣才停下來，抹了一把眼淚，坦白說，我也難以分辨那究竟是來自刺痛的腳板？還是湧上的情緒？老媽看了心疼，讓我別再打了，我哪能作罷，才燃起的一絲求生意志，又旋即被中風的左腿澆熄，老天你給我的功課也太多了。

過了幾天準備回診前，我去了保安宮，求老媽平安健康，求自己健康順遂，求老天爺指引我一條生路，求菩薩保佑平安無事。

回診的時候，腦神經內科主任照了一張片子，摸摸我的小腿肌肉，讓我試著走了幾步路，用了我最這輩子聽過最慈祥的聲音跟我說：「你這不是中風，你是肌少症。」

肌少症指的是老化或是手術後、臥床超過三天以上，導致肌肉流失，體內肌肉量平均減少三公斤，尤其以大腿流失的肌肉量最多。所以，許多臥床患者剛學習下床時，突然站起會感到下肢無力，若沒有介入照顧，身體機能將逐年弱化。但凡人類四十歲之後，肌肉量就會減少，七十歲以後，每十年減少十五%。肌少症將增加失能、跌倒、功能退化，甚至死亡風險。

聽著主任的衛教說明，開了兩個禮拜的運動處方，重新調整了有氧比例，增加了一點重量訓練，希望在運動中重新找回求生意志跟信心。振興的團體基礎課程結束後，長期而漫長的復健剛開始，我開始自主訓練，依據醫師給我的復健指示，重訓加強肌力，瑜伽可以伸展舒緩。第一步就從尋找教練開始。

自主訓練開始之路並不順利，陸續被許多瑜珈教室跟老師拒絕，原因是我的心臟移植手術太過嚇人，沒有老師願意冒著風險幫我設計課程，不管是團體班的課程、一對一的教學，許多老師拒絕收留我這個「問題很大」的學生，出於無奈，只得自負風險，在尋訪老師的過程中，隱藏了重大病史，這步風險極大，這代表我在每次的訓練當中，都得小心掌握心率數據，避免心跳超過負荷；同時也得隨身帶著血壓計，在運動前後監測血壓的變化，當真風聲鶴唳、謹慎極了。

時間可以弭平我的傷痕，但再也帶不回我的身體，在這條時間的長河裡，最終能夠讓我再回到軌道上的，還是只有我自己。也許我還沒能走出陰影，但我已經決定跟陰影共生共存著。

缺陷讓我再一次懂得珍惜，也許我還走得不夠快，但這一次我一定可以走得更長更久一些。

04 厭食

一群混搭組合，玩出暴紅的《食尚玩家》，當年這個節目收視率長期高居所有電視節目之上，成為加護病房的收視冠軍，不過這個數據是我作弊的，加護病房裡能走動、能轉電視頻道的放眼望去只有我一個，所以我毫不客氣每天晚上霸佔了整台電視，就是為了收看食尚玩家。我天天盯著這個節目，瘋狂地做筆記，懷抱著可以馬上回家的憧憬，心裏計畫著要把這些食物的味道在出院後一一兌現。

有一天，護理長突然問我最想吃什麼？我腦袋瞬間閃出跑馬燈，從基隆甜不辣、中壢大雞排到嘉義雞肉飯、雲林蔥油餅，每個地區的特色都能說得一口好菜，每一種味道也都透過想像來放大加強，但說不上最想吃什麼，是選擇障礙？還是毫無食慾？當面對這些家人朋友從各地進貢而來的美食，總是無法專心地享用，甚至感到厭惡；憑藉著記憶，我努力想要還原記憶與味道的交集，但最終發現胃口跟腦袋鬧了彆扭，只是沒想到這一執拗竟然就是兩個多月。

兩個月裡，沒有胃口，餐盤總是原封不動地退回營養室，處女座的個性縱然有點任性，即便難吃但一口都吃不下卻是不可能？是誰對我下了咒語吧？竟然帶走了我從未離家出走的食慾，兩個月裡，大腦拒絕所有食物，我開始跟厭食打起了交道，光靠每天喝點水，撐了一個禮拜、兩個禮拜、一個月，到了第二個月，抽血檢查，紅血球、白蛋白急速下降，這一下非同小可，連鼻胃管都來不及用，直接在脖子左邊靜脈上開了一個小口，插了根中央靜脈置管，輸血、輸營養液直接從管子進去。我常常摸著這根管子，感受裡面汩汩流進的液體，幻想自己聞到了食物的味道！只是相較於平常的大魚大肉，這種日子委實令人無法消受。

主任說我可能因為藥物副作用引發神經性厭食症。厭食症會因本身罹病造成的疼痛或因藥物治療產生的副作用，一般如果過度節食、拒食，造成體重下降、營養不良甚至拒絕維持最低體重，都有可能得到這種心理障礙性疾病。

木匠兄妹的妹妹凱倫．卡本特 Karen Anne Carpenter ，就是因為得厭食症，併發心臟衰竭過世。香港歌手阿ＳＡ，日本女星宇多田光、宮澤理惠，或因過度節食減肥、或因婚姻感情因素，都曾罹患過神經性厭食症。近年來「神經性厭食症」有不斷上升的趨勢，在所有心理障礙中死亡率最高的並不是抑鬱症，而是這個看起來不起眼的「神經性厭食症」！患者中約九十五％為女性，厭食症患者在治療上相當的困難，有十％～十二％左右的患者死亡，其死亡原因多為營養不良引起的併發症和精神抑鬱而引發的自殺。

雖然我的厭食症是藥物副作用所引起，但我不能停掉藥物，唯一的方法只能靠意志力支撐。抗衡的日子是心裡最難熬過的冬天，我沒有把握熬得住，但老天爺沒有讓我等太久，度過厭食症的風暴之後不久，我又出現了另一個飲食障礙：味覺。

作家吳念真曾經在書中自曝：他沒有嗅覺，但是老天爺補償了給他的「記憶」，於是他寫下「念念時光真味」，把腦海中所有對食物味道的記憶寫了出來。我也很想有這種天賦，這樣我就能把少了味覺的記憶寫了進來。

味覺是在插管後意外不見的；舌頭日夜抵抗這根插在喉嚨裡的呼吸管，傷到了半邊的功能，等我拔掉插管，硬生生地就少了味覺。幾個禮拜以後，神經慢慢恢復功能，我嚐到了甜、喝到了鹹、也吃到了苦，唯獨酸味不見了。

我從小怕酸，沒有酸味就算了，但老天造物就是有它的道理；食物有了酸甜苦辣，你就能品嚐到美妙的層次感，讓食物不再單調，讓咀嚼充滿驚喜；少了酸味，這一切都顯得單調而重複，似乎連吃飯也失去了樂趣。

沒有酸甜苦辣的人生，就好像沒了春夏秋冬的歲月！那沒什麼了不起，只是遺憾！但願老天讓我失去一種能力，也能夠補償我另一種記憶，也許那時候，我也可以寫出紀念我曾經有過的酸味人生。

05 削皮的芭樂蓮霧

加護病房是一個生與死的邊界，這個界線的概念是非常模糊的，往往跨過了這條線以後，生命不再存在著任何夢想與執念。

許多手術後因為麻醉甚至插管的影響，病友會發生極度燥熱跟口渴的現象。容易導致情緒不穩定，煩躁不安，易激怒、焦慮等等，說來慚愧，這些反應我樣樣都有，所以在加護病房我不是個好安撫的病人，這時候貼心的護理師就會偷偷塞一顆加護病房專用的冰塊在我嘴裡，即便只是一顆純水做成的冰塊，但在加護病房的環境裡，已經是一種不可多得的小確幸。但偶爾，我還是會有一種極度慾望所產生的幻覺，我的幻覺是希望喝杯可樂，這可笑的藉口，成為我當時唯一的慰藉，讓我有一種懷抱回家的憧憬。但加護病房規矩多，這成為一種不切實際的夢想，一直等到轉去隔離病房，因為隔離病房的探視時間較長，我才有機會策動別人幫我偷渡一瓶可樂，但每每都被無時無刻、無處不在的護理師處理掉，功敗垂成，無一次倖免。

在加護病房那種環境底下，生存其實是很卑微的，當你用生命在對抗死亡時，能期待的事情其實不多，但隨著我從加護病房移轉到隔離病房之後，護理人員突然變得忙碌異常，進來探訪的人得洗手消毒，送進來的飯菜、衣服，甚至日常用品得重新消毒殺菌，我看著好奇，偷偷問著：為什麼要這麼麻煩？

留著短髮的護理師，忙的腳不沾地，也懶得理我，只回頭嘟囔了幾句：

「你的所有東西都必須殺菌、消毒，這麻煩事情可多了，以後你就會知道。」

傍晚主任來巡房，大概護理師跟他回報了我的囉唆，特別衛教了我幾句：

「你終身的免疫力都會因為被藥物控制得很低，你下半輩子要注意不要受到感染，出門必須戴口罩，飲食不可生食，不可以吃不熟的食物、不熟的牛排、生魚片都禁止，只能吃帶皮的水果，這樣就可以避免大部分的感染。」

主任說的興起，還調侃了我一下：「生魚片煮熟了也不錯吃啦。」我心中瞬間泛起一陣涼意。

你試過全熟的牛排怎麼吃嗎？出院後還真的嘗試過一次全熟的牛排，不僅味如嚼蠟，硬如鞋幫的口感，也令人退避三舍，嘗試兩口，便意興闌珊，從此連再嘗試的勇氣都沒有。

雖然說加護病房裡探訪不易，但朋友送來的水果仍然擺滿了病房，偶爾還是會嘴饞任性想嚐鮮，看看四周的水果，選了芭樂、蓮霧，洗切裝盤上來後，我端詳許久，只見其形略似芭樂、蓮霧，卻不識何物？百思不解這是什麼？過一會兒才恍然、不禁莞爾，這不就是削了皮的芭樂、蓮霧？誰見過芭樂蓮霧削皮的本相？這麼珍貴的水果，怎麼褪去皮囊後，竟是這幅德性？原來不只佛要金裝，人要衣裝，世間百態盡皆如此！

06 與身體裡的老哥對話

這是從我們兩人因死而生的際遇裡一起過的第三個紀念日，我想我是習慣了你的陪伴，不知道你是否也適應了我的存在？

「生命與死亡就像是開關一樣」賈伯斯這樣說，據說這是他為何不在iphone上單獨設計一個開關機鍵的原因。我們無從選擇開始與結束，生命就在這開與關的中間延宕著；你在生命開關按下之後的黑暗，很快在我身體裡面延續著一絲微光，是這絲微光打開了我另一場生命的開關。

我開始嘗試著用一種不同的視野跟自己對話，這種新的語言，容許兩種聲音在我身體裡面流動，一種聲音是我自己的，另一種聲音是屬於老哥你，我已遠逝的朋友。這真是一種奇妙的生命經驗，我必須在我的精神流轉當中，保持兩種不同的視野，一個是我對這個世界的關心與投注，一個則是關照老哥你的存在，這種關照有時候是一種提煉，想從細胞的移植記憶中，讓老哥你的靈魂復活。

二〇一六年，我們用生命接力的方式，讓彼此找到了一個生命共生共存的出口，在一個因緣之下，我找到了你的家人，看到你的兒子結婚了，小夫妻一起出外打拼，你似乎有感應到，讓我那陣子心悸得特別厲害，雖然很不舒服，但我還是很替你高興，希望你會安心，畢竟身體是我們兩個共用的，只有你安心，我才會真正的開心。

最近，我又可以從我的心悸頻率中體會出你的焦慮，似乎是你過往的經歷，一直不斷出現在我的夢裡，我夢中的場景一再出現陌生的環境與人事物，而且相同的陌生人，還可以多次出現在夢中，我一邊作夢，也藉由夢境召喚出你的能量，我感覺得到這是一種生者與逝者之間的對話，你藉由愈來愈純熟的技巧，將這樣的對話無窮盡的延展開來。

面對這樣的融合，我的大腦神經癱瘓職守：意識很清楚白天黑夜，但身體卻在日夜顛倒，自律神經攪亂作息，交感、副交感勢如水火，腦袋很累，但身體還在興奮，該嗨的時候，情緒低了一點，思考該快的時候，反應慢了一點，白天從此擁有一地破碎的靈魂。

失去體感溫度又是另一種詭異，琅琊榜中的梅長蘇身中天下至毒的火寒，經挫骨削肉之痛，最終解去火寒之毒，但音容卻因而改變，身體亦變得虛弱畏寒。

這段對於梅長蘇的說明，像極了我現在的狀況，音容改變、虛弱畏寒。火毒的太陽下，我可以毛衣不離身，初春料峭，我就已經瑟縮在重裘之中，夜晚，高頻電子音，總是灌腦穿耳不停，猶如腦中催狂魔的嘶吼，好似地獄使者的如影隨形，身體的錯亂，也錯亂了我的生活！

心臟一天十萬零三千次的跳動，是老天給我一天十萬零三千次的恩典，對於常人不以為意的心跳，卻是我聽得見的祝福。我把這個祝福迴向給你，願你早已投胎轉世，雖然你的形體不在，但存在我身體裡鼓動的溫度，以及你時不時投射的記憶，我就當作是你存在這世界最後轉身的背影吧。

07 感冒了

手術之後從不離身的口罩，讓我從此多了一個口罩俠的封號；由於台灣的空氣品質逐年下降，加上每年的季節性流感，也讓很多免疫系統有毛病的人，出門暴露在大庭廣眾之下總是如臨大敵；根據衛福部統計，台灣每人每年因為感冒在醫療診所就醫的次數為二·七次。每年將近三次的感染風險，對我猶如是個巨大的威脅，好在醫院對我的衛教十分徹底，所以我總是記得嚴格執行洗手、戴口罩這種小細節，也許真的是隔離掉許多病菌感染的機會，即便在流感盛行的季節，

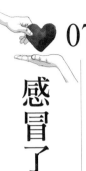

我也安然度過……直到手術完成第二十二個月後。

老人家總是告誡我們，話不要講太滿，留點餘地，這不就馬上現世報，才說完自己已經兩年沒有感冒，當天整晚高燒三十九度，醫院衛教守則第一條，一旦出現高燒、拉肚子這種感冒或感染的徵狀，立即送急診處理，於是當天就進了急診室。

進了急診室，急診室的病床寬度是我這輩子最無法忍受的寬度，一般病床寬度都在九十五到一百零五公分左右，標準急診室病床的寬度是七十五公分，這十五公分的差別就剛好是一條胳臂掉在外面的空間，插上點滴後的手臂平放在身上不舒服，放在身側總有掉落的危險，尤其在汐止國泰急診的經驗，掉落身側懸空的手臂，會在痠麻之後產生劇痛，更讓我對於這短短十五公分的差距，產生莫名的排斥，所以當我成了急診室的常客之後，我就經常無聊到在研究怎麼能讓雙手安穩地放在兩旁，好好的睡個覺？

碰到溫柔貼心的護理人員，他們會用毛毯小心將你的手臂包住，再將毛毯的一角塞進你的身體下面，就像包著嬰兒的包巾，讓你就直挺挺包在床上，雖然手臂沒有掉落的風險，但也失去生而為人的自由，連挖個鼻孔都不方便，這個方法很快就被我唾棄。

旋即我又發明了一個方法，在病房換上的褲子沒有口袋，但是用鬆緊帶套上來的，我可以把雙手插到褲頭裡，靠著鬆緊帶固定著兩手，只是兩手手裡拿隻手機還放進褲子裡的怪異模樣，總是引得護理人員訕笑，病床上沒有自尊的問題，這個方法算是解決了我的困擾。隨後因為過篩出 A 型流感，加上持續的高燒不退，轉送隔離病房治療，這下子至少得在隔離病房待個七天，但正式病房的病床寬度，終於可以讓我好好的睡個覺了。

由於感冒週期較長，台灣有六成民眾在六週之內會自行痊癒。我的狀況不容許再有重複感染的機會，因此院方非常小心嚴密的監控，雖說是嚴密監控，但隔離病房不若心臟外科病房的騰騰殺氣，一天早晚兩次分藥、量血壓之後，其他時間就是放牛吃草的狀態，沒有急促忙亂的步調，沒有肅殺恐怖的氛圍，只有一片寧靜，禁止閒雜人等進入，也禁止外出，可以說隔離病房就是醫院的另一個禁地，是名符其實的「隔離」世界。

心理學上稱「窒息的氛圍能夠讓人真切的感受到自我的存在！」我不知道病房的設計是否也有這番巧思在其中，卻因為這種真實的窒息感，倒也真正成就了一種虛幻卻又真實的空間感。

這種空虛卻又真實的存在感，整整折騰了我七天。

08 心臟切片

生活是細數每一個小日子的累積，日子過得開心是一天、傷心也是一天，忙忙碌碌是一天、庸庸碌碌也是一天；出院後，體力擔不起過度的操勞，工作跟生活沒有遠大的目標，每天按時吃藥、運動，讀書、寫字，讓自己的心情穩定，心臟別不開心，就是我最重要的功課；別看吃藥是小事，要把這小事做好、做久可不簡單！

話說器官移植本來就是在身體裡嵌入一個外來體，而免疫系統會盡責的吞噬所有不屬於這個身體的物件。在免疫抑制劑的藥物問世之前，移植是一件不可能完成的手術，也因為免疫抑制劑的藥物抑制了免疫力的活躍，才讓移植的器官生存下來。在免疫抑制劑發明之後，有了這款藥物，抑制了身體免疫系統排斥移植器官的機制，是移植器官在受贈者身體中存活的重要關鍵！

因為必須永久性抑制身體免疫力，醫生早已告知必須終身服用免疫抑制劑，以避免產生嚴重排斥現象危及生命！這件事可不能等閒看待，以前吃藥老愛自己當醫生，愛吃不吃、想吃就吃，從此以後吃藥得認真看待！

吃藥不難，難在麻煩與持久，林林總總藥品排開超過三十種，每種吃法不同，有的按劑量劃分、有的按顆數計算、有的吃一顆、有的吃半顆、有的一週兩次、有的早晚各一，有的藥物打開後得馬上吃，以避免氧化；每顆藥性不一，沒有做好服藥管理，還真容易混淆！

吃藥的麻煩是必須做好防呆管理，否則很容易最後吃了什麼、沒吃什麼都搞不清楚，三十顆藥，每一種藥名、大小、顏色、劑量我都倒背如流，醫院會因為我的抽血結果，隨時打電話來更改劑量，如果我沒接到電話，還會動員緊急聯絡人務必讓我知道劑量改變，這真是一個龐大的醫療後勤團隊，督促我每日戰戰兢兢的乖乖吃藥。

為了確認移植器官的安全與健康，器官切片是一項必要的檢驗程序，只是不同於其他的器官移植，心臟切片的過程有點恐怖，讓我在初期重建的過程吃足了苦頭。

心臟切片可不是開膛剖肚，直接把心臟拿出來切兩片薄片再放回去；心臟切片是從脖子右邊的頸動脈將導管穿刺進去，在 X 光引導下將導管送到心臟左心室，再用特殊的鉗子摘取適量的心肌組織拿出來化驗。全程在清醒的狀態下完成，這種高技巧的門診手術，光想想看那種情境就能讓我在手術台上緊張得心跳加快、冷汗直流，偏偏心跳血壓還不能上升得太快以免影響到手術偏差，這種手術整個說起來就是一個整死人的過程。

出院後的第一次心臟切片，緊張到我必須借助心理諮商才能進行手術，臨床心理師是我的同窗老友，他了解我的狀況之後，幫我開了一張處方，處方上只有寥寥數字：所有的害怕都是因為怕死！他讓我去了解這項手術最糟糕的後果是什麼？有多少的機率？他讓我用理性的左腦，克服感性右腦的作祟，當我可以理性面對最糟糕的後果時，大概也就消除我心中最不安的塊壘；結果我等躺在手術台上才想起了這件事，傻傻地在手術台上突然問起醫師「切片的死亡風險大不大？」當我問了這句話，我才驚慌失措地意識到，我沒有麻醉？醫師也很可愛，竟然一邊在頸靜脈鑽洞，一邊好整以暇回答我的問題：

「心臟切片產生併發症而死亡的風險機率大約在○．一％，造成心壁穿孔的風險機率大約在○．五％。」

「你都已經做過心臟移植手術，這種小 case 幹嘛緊張？」

醫師說的風輕雲淡好簡單的樣子，不過真是不可思議，這麼輕描淡寫的閒聊幾句話，情緒立刻穩定下來；我的大腦意識信任這手術風險在於振興的團隊是完全可以控制的範圍，理性左腦立刻控制住了揣揣不安的感性右腦，血壓、心跳立即穩定下來，這也讓手術隨即得以順利進行。

死亡是我們共同的恐懼，**但當你真正面對它的時候，死亡反而幫我沉澱出了生命最大的勇氣。這是死亡教我的一課！**

09 創傷症候群

【台北訊】台泥集團董事長辜成允二十一日晚間參加朋友娶媳婦婚宴，不慎從三樓樓梯滾摔至二樓平台，頭部嚴重受創，他先被送往馬偕醫院急救，二十二日下午轉往振興醫院加護病房救治，二十三日清晨在北市振興醫院逝世，享壽六十三歲。

看到這則新聞，滑著手機的手突然僵住。這兩天的新聞炒得沸沸揚揚，一個意外，帶走企業世家的耀眼巨星。我不認識辜董事長，為了他的遭遇感到無比惋惜，但隨著新聞的發展，卻讓我逐漸感受到一股莫名的壓力；先是救護的加護病房就在振興，接下來隨著病情的急轉直下，更讓我感受到莫名的心悸，有如心理學上所謂的驚恐重現，看著新聞，我也猶如經歷一場意外的重現；「生死」新聞，突然變成不能碰觸的議題，夜晚我會突然驚醒，整夜無法再睡，一則哀悼辜先生英年早逝，一則無法承受這些生死的議題突然又在我身邊出現；即便白天，我也必須整個房間的燈火通明，夜晚藉助鎮定劑入睡，旋即半夜又再驚醒，天天驚恐莫名、日子渾渾噩噩，晃悠過著；等我知道這叫創傷症候群，已經是手術半年後的事情。

好幾次恐慌症發作了，我常常半夜坐在床沿開始哭了起來，心裡痛苦掙扎著何必把我救回來，窒息的沮喪壓抑著胸口，護理師以為是我的傷口痛了，其實是我的心需要被淚水滋潤著，我必須要有一個宣洩的出口，每晚，開始聽催淚的歌讓自己飆淚，哭久了、累了、睡了，第二天醒來再重複一次！這種日子讓我封閉、自我防衛。偏偏此時源源不絕的關心仍然透過社群網路而來，每天面對排山倒海的加油聲量，心中一直有一種千斤萬擔的壓力，再也無法忍受這種隨時隨地、廉價無感的加油口號，「不要再叫我加油了！」蜻蜓點水式的關心只是煙火，煙花易冷，卻暖不了心；我關掉手機，在心底高高的築起了一座圍牆，期待能將這些鼓勵的聲浪反彈在空氣之中消失。

「我已經夠努力了，還要我再怎麼努力呢？」

別人看到的永遠是我已經整理好的情緒，等到夜深人靜時刻，防衛的狀態一解除，我立刻陷入無以名狀的驚恐，白天的武裝，此時早已碎落滿地。

我經常是念著佛經睡去，不消一兩個小時便又驚醒過來，日復一日。

有一天，嘉芳問我要不要去樂山教養院走走？嘉芳在樂山當院長，他常常轉載院生的生活趣事給我，想想也好久沒去看看他們，說走就走，去了一趟八里，沒想到這趟八里之行，卻徹底反轉了我的生命。

到達樂山已是下午，一個叫做「涼麵」的院生，若不是重度智障的影響，現在也該是個青春洋溢的美少女，一見到我便是一個大大的擁抱，直誇我好帥，涼麵其實不認識我了，她只是天生西裝控，看見所有穿西裝的人都會熱情地讚美，我被她天真的情緒感染了；下午陪著院長看看院生的活動，看到社工老師帶著院生熱舞，那種發自內心對於生命熱情，讓我一下子又紅了眼框；場景換到下一間教室，另一群院生正在畫畫，意外觀察到他們身心桎梏之下，竟然有個充滿藝術與自由的靈魂。他們不是不良品，只是跟我們不太一樣。但同樣熱愛生命，同樣天天在學習，靈魂瞬間像是被解除了封印，心情像是被洗滌過一般透亮清新，看看他們，想想自己，突然聽見了自己許久未聞的熱血鼓動的心跳聲！

10 都市叢林的車禍

上下班的時候，人潮總是擁擠無比，我看不見我身邊的人，不小心就踢到前面人的腳跟，剛開始還會不好意思地道歉，但實際上是沒有什麼人理我的。

看起來眼睛的視神經是無法恢復了！從眼睛看出去的視野逐漸退化成一個碗口大小，右眼退化得比想像的嚴重，蒼白卻闇黑的世界總伴隨著情緒隨波逐流；有時反而會因為太害怕眼力將隨時消失，更加的任性揮霍、熬夜看書、練字、寫文章；自覺少了睥睨的眼神，有時洩氣的像隻蹺伏的小貓，在人流中浮沉。接受建議買了根導盲杖，試著避開魯莽的人流在我的盲點衝撞，但終究自尊作祟，一根白杖就是拿不出門，繼續手無寸鐵在人流中搏鬥。

失去大半邊的視野之後，讓我無法警覺來自八方流動的危險，尤其從四處竄流而至的單車，常讓我不知從何躲起，走在人行道、斑馬線，甚至在等紅綠燈的路口，瞬間迎面而來的鐵馬單車，呼嘯而過的御風率性，更是台北市人行道上最霸凌的風。

台北市有所謂的三橫三縱自行車道：三橫的部分有：南京東路、仁愛路、信義路；三縱的部分有：中山北路、松江新生南路、復興南北路。當初的設計是要解除單車人車分道的實踐意義，但將人行道一分為二，要坐車的、要下車的，要過馬路的，都會被這條單車線貫穿撕裂，冷不提防，左右就來幾輛單車疾駛而過，我們只能抱怨這是有些人的素養不足，並且自我小心警惕。

我的工作室在復興北路，經常來往捷運站，復興北路就是往返的大路。騎樓下有人做生意，並不算很友善的行走環境，如果走到人行道上既無法遮風避雨，更怕的就是被單車霸凌。

復興北路的單車道是一條單向的單車道，因此有的單車常常會逆向而行，當人潮較多的時候，車流就好像急著返鄉產卵的鮭魚，南北一哄而至，我常常像個嚇傻的呆子，只能選擇站在原地等待解除車潮詛咒。

今年的夏天暑氣逼人，當我疾行在復興北路上，突然一陣急促的車鈴聲響擴散在空氣之中迎面而來，我失去視野的眼睛正視角度不足四十五度，無法看清正確的聲響所在，只聽見一聲急煞，伴隨著大嬸撕聲裂肺的：「借過」，整輛單車就直接撲到我身上。我疼在腳踝，罵在心裡，心想這下完了，每天服用的高單位抗凝血劑，足以讓我一出血就是大血崩，更別提如果跌倒骨折，我大概真的要住院住到死為止。我緩慢起身，有點暈眩，是太陽太大的關係嗎？我感覺有點悲傷，這大嬸摔的何止是她的車，還有我對台北交通的信任！

闖禍的大嬸手腳俐落，急忙跳車沒有摔倒，我卻連人帶車帶車籃上的菜一同倒地。大嬸先扶起他的車架好，再來擺好興師問罪的架勢，開始數落這下他們一家的晚餐都被我蹧蹋了，都是因為我的不小心。我被罵的啼笑皆非，左右看看也沒受傷，再看看唱作俱佳的大嬸一副從容就義的凜然，打從心裡就氣餒了，跟潑婦罵街的大嬸對罵，我才沒那個豹子膽，橫豎沒受傷，大嬸又一副得理不饒人的架勢，這場架其實一開始就已經分出勝負了。

帶著一身傷痛疲憊回到家，煩躁的滑著臉書，卻看到有人發了一篇廢文：

「走在台北市，除了三寶，更怕碰到走路慢吞吞的人……」這這這……這不就是在說我嗎？這話讓我心頭冒火，這心存傲慢的假文青，竟然是我的朋友，真是氣死吐血驗無傷。在台北行，真像走在充滿危機的都市叢林中，自己沒有三頭六臂的本事，更沒有四眼神通的本領，我只有半隻眼，卻要有照看所有的本事；據說就算是叢林裡的羚羊，一天也只有五分鐘在搏命，其他時間儘可慢吞吞的閒晃來去，而我漫步在台北市的叢林裡，擔心的何止是那五分鐘的搏命，還有這些粗魯車流以及傲慢偏見的糾纏，我只是城市裡恍惚的慢板、像是優雅浪遊的文青，如果語言和知識已經不再擁有優勢，多半的時間，我也只好遠離這些喧囂，自我放逐在四壁慘白的書房，給自己一個最後沉靜的空間。

都市叢林中，我連一隻羚羊都不如。

11 十一樓，讓我心悸的奏鳴

漫長寒冷的冬天過去之後，春雨滋潤著地球上所有等待甦醒的生命，而躺在病房裡的我，安安靜靜地諦聽這一切，用心裡全部的期待和渴望聽著；光影從窗戶邊流瀉下來，那不是光的改變，是時間在流動，同時也提醒著這裡躺著的人要跟有限的時間賽跑，但是往往多數的時候，作一個病人是無聊的，那種無聊到眼皮子長蜘蛛網的日子，就好像在死海上頭無重力漂浮，而心靈卻在慢慢沉淪。

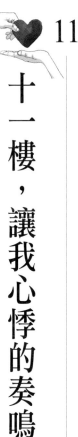

在汐止急救失敗之後，從振興派遣接手的急救團隊，緊急前往汐止國泰急診室將我接回振興這一刻開始，振興心臟外科團隊就一直保護著我。當天晚上擔任急救操刀的陳醫師，台大醫學院畢業，是振興心臟外科團隊的明日之星，我的主治醫師張主任總是說，如果沒有陳醫師當晚撐住十二小時的急救，成功完成兩條心臟動脈繞道手術，並且順利穩住大出血狀況，「你現在應該在做仙了！」他用一貫的大嗓門告訴我。

住院期間，身心俱疲，但偶爾隔著三五百公尺，開始聽到主任一路風風火火的巡房，我就可以感受到又是驚喜一天的開始，這個面惡、心善又大嗓門的主任，就是照顧了我四年的主治醫師，外人很難相信他竟然是組織振興醫院心臟外科的創部元老，二十五年的青春歲月，走過振興的方寸之間，幾縷銀絲，正足以襯托張主任在心臟外科領域的豐功偉績，我何其有幸，讓這群世界級的心臟移植小組成員呵護、治療著，幸運的不只是我總是遇到貴人，而且總能碰到了一群無與倫比的團隊；我的命救回來了，還結識了張主任、陳醫師，十一樓外科病房的燕子護理長及所有姐妹們，還有心臟外科加護病房辛苦幫我護理、翻身的護理夥伴們，謝謝你們總是溫柔地對待我這個怕痛又怕打針的病人，謝謝小軒在我上刀房準備灌腸前，陪我一起玩打氣筒的遊戲，激我能不能打破紀錄，把二千CC的灌腸劑全部打進大腸裡，使我在灌腸的過程不再痛苦，還覺得好玩；謝謝小惠總能忍受我的囉唆，請你打針前先用暖暖包暖了手再碰我怕冷的身體；謝謝小嵐，你雖然不情願，但我總是纏著你，請你做我兒子的女朋友；我記得每個人的名字，但為了保護大家的隱私權，我只能在書中姑隱其名，我謝謝你們，沒有你們的專業與溫暖，我就算不是去做仙了，大概也是在去做仙的路上了！

雖然說重症病房是個讓家屬心碎的場所，尤其當生命只剩下呼吸，睜眼只為了得到希望，這裡似乎是一個令人充滿畏懼的地方；但我的病房卻是充滿了陽光，除了因為有這群天使守護著我，另外還有一個原因，是因為這裡充滿了音樂；聽人家說，病房裡很適合聽五月天的歌，振奮、激勵、生命力十足，難怪五迷總要說：「我們聽的不是音樂、是信仰！」這個信仰開始的很早，卻啟蒙的很晚，一直到我找不到出血點的那段時間，在病房裡聽到五月天的「頑固」，這個信仰才堅貞起來。每天跟老天爺祈禱：「May day, May day」，於是五月天來到了我房間，我聽到了這首歌：

「卸下了這面具 我想說 謝謝你 謝謝你 一路陪我到這裡！」每次聽到這裡，眼淚如潰堤般的停不下來，貼近脈動的歌詞總是溢滿整個胸口，如果人的一生是由很多主題曲的串聯，那這首「頑固」無異就是襯托我經歷生死最好的標記。

短短的一首歌，似乎可以意識到自己生命的某種缺口，又好像潮汐的碎浪，生命再也無法保持一種浪高的姿態，卻又能在唱出生命的最痛之後，找回自己原始的初心，這是一種什麼樣的心動與心悸的奏鳴，才能顯露一種囂張又含蓄、掙扎又內斂的力量。

我曾經希望有一天，當我再聽到這首歌能夠瀟灑地不再流淚時，這才算是真正對往事的告別，才能算是真正放下了對生死的執念！

病房的牆壁吞噬了所有寂寞的聲音，當我自己嘆息的尾音還沒結束，前面的聲音已經遺落在偌大的空間裡，我終於知道，當我唱著這首歌的時候，我唱的其實是我自己！

12 遺書

二〇一九年十一月十一日，這個正準備大事鋪張剁手指的日子，一早接到振興醫院移植小組的來電，前幾天回診時的腹部超音波在肝臟有一個無法判讀的黑點，從年初追蹤到現在有擴大〇．五公分的跡象，主治醫師的建議還是排上ＭＲＩ做個檢查比較保險，就在排上肝膽腸胃科門診之前，讓我萌生了寫遺書的念頭。

寫遺書不是動了什麼傻念頭，而是為了對這個世界，表達一種最真實的遺憾，想寫給所有我曾經尊敬、蔑視、遺忘、放棄、愛過也恨過的人，正是這些錯綜複雜的回憶，不斷撻伐著過去的驕傲，非得等到了一個生命的宣判之前，所有的無知、障蔽才會相對地放下；遲了，但遲了有遲了的方法，我開始寫遺書，用我自己的儀式，標記所有曾經在我生命中曾經出現過、也影響過我的人，然後徹底的放下，等待轉身。

「我已完成我能做的事情，未來我想的、沒想到的，都已經不屬於我的責任，請讓我任性的轉身，未來當你們責備我的任性時，希望會減少一點你們思念我的痛苦！告別，真的是一件困難的事情，說多了，你們辦不到，說少了，我辦不到！我們就此別過，後會無期！」寫完，似乎也有一種儀式感的完成，正式告別倉皇結束的人生上半場，等待下半場隨時降臨。

MRI最終的檢查結果是一顆一公分的良性血管瘤，雖然有點啼笑皆非，但等待的過程讓我重新再次面對死亡的議題，體驗死亡的感受，尤其在恐懼到達臨界點的那一刻，似乎所有書寫的文字都變了一種顏色，當真實面對生命時，那種脆弱的存在感，卻也變成器官受贈者的一種宿命；在等待與死亡的陰霾之中，沉浸在另一種加諸於無形的原罪，一輩子背負著捐贈者的大愛，卻惶惶終日不已！

這讓我想起了器官受贈的眾多夥伴們，鈞儀、金祥、娪宣各自用不同的姿態，勇敢的面對人生，並且挑戰令人畏懼、猶如禁忌的死亡，這是受贈者的使命吧，我們總是背負著眾多的祝福，僥倖存活於世，對於自己取之於社會、用之於社會的大愛，總有一股無以為報的心虛，於是我們選擇了各種自我救贖的行動：鈞儀投入所有器官捐贈宣導的活動，金祥用雙腳跟攝影，記錄了許多捐贈與受贈者的生活，娪宣獨自機車行腳，完成環島的壯遊心願，這些看似微小的行動，都是我們用心經營生命，化大愛為絢爛，看生命如何綻放出面對生死的力量！

所有的告別、所有揮手的姿勢，每天都在進行。當我們做好準備，選擇自己的姿勢，死亡也許就不再讓人那麼恐懼，同時當我們準備好與這個世界和平告別，寫下我們說不出口的遺憾，圓滿了這一世與所有人的緣分，這時我們靈魂上曾經帶給這個世界的平和與寧靜，也將會是任何人永遠無法遺忘的回憶。

第三章

重生

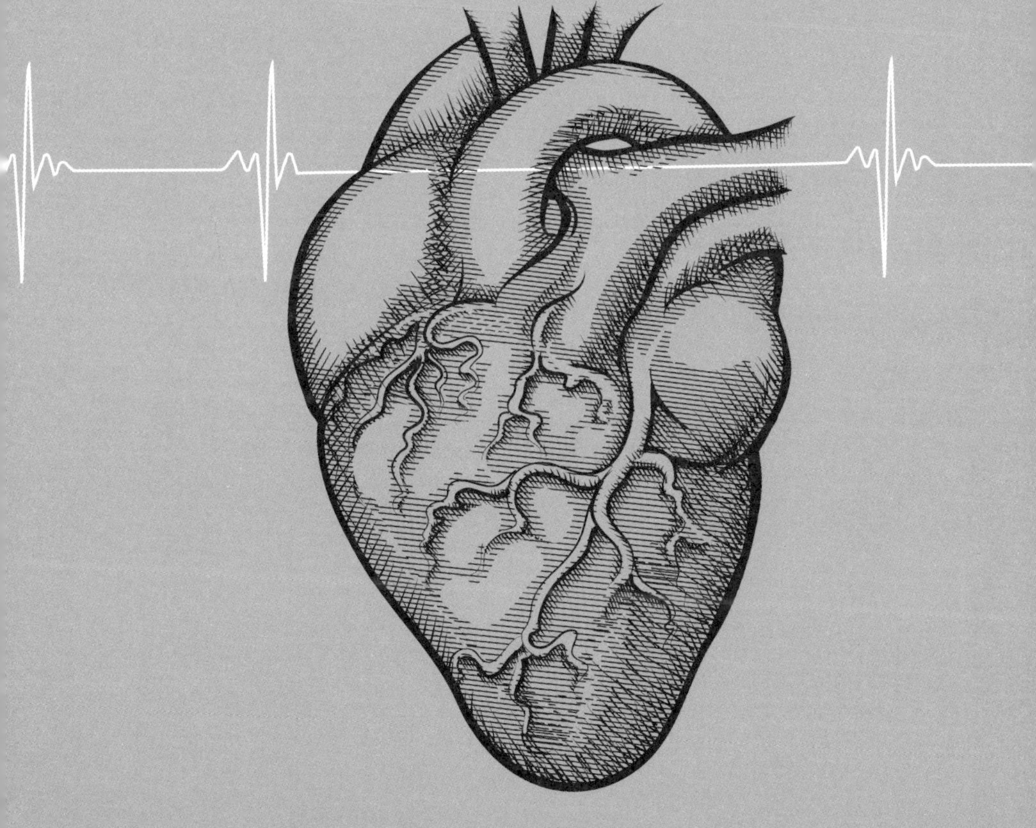

01 因緣俱足

牆壁上的掛鐘指向七點，空氣的流動突然快了起來。

護理師在整理我的衣服，順便抄了一條毛巾，幫我抹了一把臉，我還睡眼惺忪的，護理師走過來把我的床搖起來，「晚上七點要會客囉！」心情瞬間開心起來。加護病房一天只有兩次會客，能稍微有點寄託的也就這個時間可以見到親人。

妹妹穿上隔離衣，戴著口罩進來；「今天臉書上有位自稱是你的國中同學找你。」

「誰啊？」

「他說他姓劉，劉什麼的。」

「劉玉？」我突然想起來這個名字。

劉玉是我國中同學，國一轉學之後，大概已經四十年沒有聯絡。

「怎麼突然間會想起來找我？」

「他說他人在泰國，突然想起你以前的樣子，記得你是班長，常常幫他掃地、寫作業，不知道你現在好不好，所以上臉書找找，果真找到你。」

「但是你臉書上都被貼文洗版，他看到大家叫你要加油，開始緊張起來，不知道你發生什麼狀況，所以按照臉書上的電話，特地從泰國打電話給我。」妹妹一臉不可置信的陳述這件事情。

「如果這樣推算，他夢到你的時間大概就是你在做心臟移植手術的時候！」

「他講的我都快起雞皮疙瘩了。」妹妹跨張的做了個表情！

六個禮拜後，他依約從泰國回來看我，親口跟我證實了這個故事。這件事情讓我相信：一個人十幾歲認識的死黨將會是他一輩子情感的原鄉，這輩子不論流浪到哪裡都會偶然想起來，即便是在夢中。於是我們在夢中相會，在現實生活中重聚，重續這四十年不可思議的交情。

重逢是令人悸動又欣慰的一件事，因為重生而重逢，讓生命得以發展延續，似乎讓我領悟了些什麼；在一個偶然的機會聽到一位器官捐贈家屬的演講，他說：「如果得到了一個重生的機會，請為我們好好的活下去，不管人生還會經過什麼苦難，記得有我們殷殷的期盼。」因為這句話的激勵，我扛著剛剛復原、羸弱身體去器官捐贈登錄中心登記當了志工，領到的第一份任務就是去嘉義「關懷器官捐贈家屬」的活動現場做演講分享。

演講當天早晨從台北出發，天微雨，可以感覺初冬早晚的那份沁涼。第一次參加器官捐贈家屬的聯誼活動，除了陌生的環境讓我緊張之外，還有一個隱隱在心裡的念想讓我悸動，嘉義對我而言，是一個懷舊又感念的地方，我會因此碰到「隱藏在心裡」的家人嗎？在器官捐贈過程裡，受限於個資法，捐贈者與受贈者之間並不允許存在任何聯繫，但是當我做完心臟移植手術之後，意外的讓我知道我的心臟原生者是在嘉義長庚完成器官摘除手術，因緣俱足的善緣就從「嘉義」這個感恩的地方開始，如今回到嘉義，不確定是否近鄉情怯，但心情難免忐忑。誰也預料不到這段旅程即將有段神奇的因緣出現。

在對器捐家屬的演講中，面對台下好奇的眼眸，我希望能盡量滿足他們的問題，我知道只有我好，他們的心才能得到最大的安慰。

但總覺得我做得還不夠，怎麼樣才可以做的更多？直到有一次，長庚的護理長送我一個聽診器，我才意識到，所有器官都是沉默的，唯有心臟的跳動可以讓人清晰地感受到，所以我在演講時告訴台下的家屬，你們的親人其實都還在某個地方努力的生存奮鬥當中。如果你們願意的話，請過來聽聽你們親人的心跳聲，感受一下他們仍然旺盛的生命力。

這個小提醒讓我受到熱烈的包圍，許多的家屬過來跟我擁抱，想像著他們的家人正在世界的某個角落，以另一種身份存在，他們就覺得無比的溫暖安慰，而那種溫暖透過擁抱的心跳，至今依然微熱！

在大家紛紛擁抱之後，有一個少婦靦腆的走到台前，他很客氣地叫我「黃叔叔」，我才知道在我演講的這些過程細節，他們豎起耳朵聽得非常仔細；小少婦問了我更多細節，然後她才把她的婆婆跟先生拉到台前來。由於我描述的故事情節、時間、地點與她過世的公公完全吻合。當下的那一剎有種觸電的激動，難道這就是我「隱藏版」的家人？可是沒有任何證據可以直接證明這個關聯。突然我想起來，當時在醫院醒過來的時候，醫院的志工，給了我一張卡片，上面讓我可以匿名寫信向捐贈者家屬表達我的感謝並且致上深深的祝福；當下他們拿出那一張卡片確認是我的筆跡的時候，四個人抱團哭在一起，他們上前來擁抱我，靜靜地聽著他們的父親在我身體裡面怦然鼓動的心跳，他的生命仍然在我的身體裡面搏鬥；他們是我的「心裡隱藏版」家人，太太、兩個小孩和媳婦都來了，雖然當年我的捐贈者並沒有簽署器官捐贈卡，但是他的太太在先生腦死的當下，慨然決定捐出全身的器官，這個毅然決然的決定救回了我的一條命，也俱足了今天相遇的因緣；這一天，正是二〇一六年八月十七日。

是什麼樣的緣份，才能在芸芸眾生之中與家屬巧遇，而這份相遇的悸動，讓二〇一六年秋天一位父親的大愛能夠在今天持續溫暖著這個世界！天使有形的身軀終究離開了，人生的相聚也終有散會的時候，正因為這些捐贈家屬的大愛，才讓這許多的生命能以接力的方式繼續延續，而那存在我身體裡跳動的溫度，應該就是天使們留給這世界最恆久不歇的愛吧。

02

練字練心

我很迷戀手寫的觸感，
猶如慾望輕劃過紙上，
於是，白紙黑字地寫下
對你的，種種想像。

——方文山

我喜歡這首詩，它把文字書寫的感情昇華成詩人的意境。而我就在這種書寫的過程中，練字也練心。

練字其實是個偶然，病房的生活總是單調無趣的，每天我都在找一些不同的樂趣，有天，突然在youtube上看到寫字的短頻，我從來沒有看過有人可以把字寫得這麼飄逸秀氣有氣質，當下看到那一筆一畫都讓人心醉不已，這是有神奇療癒的字；因此當我身體好一點，等不及便拜入夜夜寫字與驚鴻一撇兩位大師門下，正式啟蒙。

過去我太習慣用原字筆快速的寫完作業、紀錄生活，一旦寫字變快，筆力力透紙背，雙手必定痠疼不已，老師總是笑著對我說：你這哪裡還有定、靜的涵養？寫字不能靠蠻力，靠的是輕重緩急揮灑出筆鋒，字越慢，心才會越靜；從此我常用開筆的時間來沉澱心情，慢慢寫幾個「一」字，一字最難寫好，只有一畫，卻是輕重緩急都要兼顧，當你用三秒鐘的時間寫完一個「一」字收筆，指尖輕盈，心靈透靜，開筆才算完成。然後再寫一個「心」字，心字也不好寫，要從右點的筆法起筆，然後中鋒向右下行筆，漸漸運用側鋒上挑出鋒，鉤要小，以挑完成；筆法上這叫「臥鉤」，一般人這個心字寫不出力量，老師說：這是因為最後的臥鉤缺少了生命昂揚的力量；我琢磨好久這個生命昂揚是個什麼概念？最後在臨摹大師古帖上找到答案；以挑完成，這最後一筆不能有草率結束的態度，而是一種對自己一筆而終的自信，一種行有餘力的從容。

練字基本就在一個「勤」，基本功夫扎的深，不偷工減料，有了自信再進一步學習，盡自己的能力，不取寵，不標新立異，不用汲汲於證明自己進步多少，而是一種安詳自在的心態，心靜了下來，字就又進了一階；胡適說：怕什麼真理無窮，進一寸有一寸的歡喜。說的就是練字也練心的這種境界吧。

03 擤鼻涕

準備去醫院作復健。行動不便的我，叫了計程車在客廳等著，輕輕打了一個小噴嚏，手突然僵在空中，望著清透的空氣發愣，熟悉的景象出現過多少遍，往常這時候的老人家都會默默遞來一疊折好的衛生紙？而我也總是像個青春火旺的年輕人，很生氣地推開，「我幾歲人啦，也不管人前人後，總是把我當個小孩一樣。」刺耳的語氣好像還在牆壁之間迴盪，目光終究停駐在牆上的相片，老人家巧兮倩兮的微笑，總是帶點囧的不回嘴，我似乎又看到放在桌上的衛生紙被風吹著飄零散去；即便啼笑皆非，我還是自己拿著衛生紙，對著牆上的老人家笑笑，用力地把鼻涕擤得好大聲！

老人家是在我出院兩年後摔倒的，老人家不禁摔，這一摔把恥骨給摔斷了。自從老爸走了之後，老人家一人獨居，摔跤之後要怎麼照顧起居？兩個哥哥也都走了，姊姊一個旅居海外，另一個撐著一個大家庭，我只能先張羅療養院讓老人家靜養，再張羅聘用外勞，這瑣瑣碎碎的雜事耗掉我所有精神體力，一大家子，我撐得好心虛，也怕冷了老人家求生意志。所幸骨頭接合的狀況令人欣慰，但骨盆腔的 X 光檢查卻出現了新的狀況。

主任找我一起看了片子，拿著紅筆在升結腸畫了一個大圈圈，「狀況不好，應該是壞東西，超過五公分了。」我的心揪了一下，「所以……」我問不出下一句話，還好主任自己幫我說了，「如果不開刀，最多三個月。」我陷入跟老爸當時一樣的抉擇！開不開刀？化不化療？

這個決定很困難，要說服獅子座的老人家乖乖配合醫生，我相信那會更難。也許老天讓我回來陪著老人家，相信就是要我這個剩下的兒子來做這個決定！於是，我選擇跟老人家坦白！

這輩子作過無數簡報，沒有比這次的簡報更難啟齒！

我畫了一張圖，一開始說明，我的眼鏡就霧了，還沒講完，老人家遞了一疊衛生紙給我，交代了六個字：「不開刀、不化療。」沒有再多說一句話。……當晚我把散居各地的家族成員全部動員回來。

一個月後，老人家安然恬靜的在家人圍繞之下跟著菩薩走了，曲終人散，留下的何止是悲傷。老媽瀟灑的人生落幕，圓滿了今生的母子因緣，甚至，直到最後一刻，他還用了自己的生命，讓我學會怎麼坦然面對，死亡！

04 出租大叔：男朋友

唸書的時候讀「世說新語」，總是羨慕魏晉名士的瀟灑言行、狂放不羈，生病之後才漸漸感覺這種種做派矯揉做作，我的個性做不來，從此跟朋友互動的方式就有了很大的轉變；我開始親近直白、溫暖、不做作的人，因此朋友也多親近這種類型，自己的個性也在潛移默化之中光譜逐漸趨同。

在休養的這段時間，許多朋友經常探訪，天南地北的瞎抬槓，友情的慰藉，總能給我許多繼續奮鬥下去的勇氣。也許是大病過後，自己多少豁達了一點，正能量也能不經意的傳染給別人，每每朋友關心的探望，卻也變成我聽得多、說得少，偶爾他們負能量過頭了，我還會提醒他們現在是來探病，別本末倒置了！

朋友知道我是玩笑話，該抱怨的還是繼續抱怨。久了，我變成諮商中心，朋友知道我願意聽、也有時間聽（這才是最主要的吧），他們都急於想要跟我分享他們的一切，我喜歡聽他們講故事，多少彌補一點我被禁錮在一個孱弱身體裡的遺憾。我也愛聽他們時而悲憤、時而啜泣的聲調，總能讓我更加珍惜紅塵中的所有瑣事，我也慶幸自己的生命故事也能給這些朋友一些激勵，讓他們從探望變傾訴，是他們豐富了我的生命故事，而最後我們一起獲得了療癒。

這讓我興起把我自己出租的念頭。大叔，一七五公分，資深公關人，業務族，愛聊天，中年出走，永遠在任性中的大叔，生命中的亮點，不只是創業過程老摔跤，還有生命過程死了一次。這樣的背景，還真的讓許多人慕名前來。有的朋友在大陸擔任高幹，抱怨窮得只剩下錢。有的朋友遭遇中年危機，抱怨懷才不遇，滿腦創業的夢想。有的朋友父母皆在，卻因為照護工作全落在自己頭上，父母晚年落得全家勾心鬥角。有的朋友五子登科，卻因為打拼過了頭，身體健康亮起紅燈。

最讓我印象深刻的是個朋友的小孩，他父親是我四十年的同學，中年移居美國，這次這孩子趁著回國掃墓的機會一個人回國，回來就立即跟毛叔（輩份上不該叫哥哥了吧）約好時間，我也很開心還有孩子願意跟長輩聊天，他來我工作室，態度大方，絲毫沒有多年不見的扭捏，我照例泡茶，話匣子一打開就嚇了我一跳：

「毛叔，我想找你練習，怎麼才能跟我爸爸溝通一件事情。」

「好，今天就把我當做你爸爸。」我收斂笑容。作勢他可以開始了。

一反剛才的落落大方，這孩子開始扭捏起來，用極為細微的聲量，開始訴說他的故事。

「我想帶一個朋友回去看你。」

「很好啊，我會很高興的招待他。」

「從小我就過得很辛苦，在國外的第二代，其實並不容易。」

「好在我有這個朋友一直支持我，陪伴在我身邊，給我很大的力量。」

「這幾年一直在考慮要結婚的事情，但機會一直沒有出現。」

「這幾年台灣變化很多，所以我想回台灣登記結婚。」

他邊說邊觀察我的眼神，似乎在揣度我的反應。

「這是好事，我跟你媽一定會支持你，但是不是有什麼事情讓你擔心的？」

「……爸，他是男的」……

糟糕，難怪這孩子不敢跟他父親當面說。

這當口，我要怎麼代替我同學說些什麼？尷尬的表情一定留在我的臉上，這孩子扭捏了一下，坐不安穩了。

有好幾分鐘，這孩子在沉澱，我在思考，空氣中的聲音瞬間汽化了。

我決定用面對我自己孩子的觀感，說出我最誠實的答案。

「孩子，這不是我們習慣的話題，卻是這個世界最誠實的問題，所以我也會用我最誠實的態度回答你。」「謝謝你顧慮到我們的心情，提早讓我知道，也許我還沒做好準備要接受這樣的事實，但我保證，我一定會在見到『他』之前做好準備。」

「我不會苛責你任何事情，這不是你的問題，甚至我都不知道這算不算是一個問題？」

中國古時候有句話叫做：天與弗取，反受其咎。我不知道這樣形容對不對，但這是老天爺給你的命運，你沒什麼可以選擇，逃避反而讓你一輩子揹著枷鎖，只為了閃避那種螫人的目光，其實沒有必要。爸爸媽媽都是愛你的，只要這是你自己的選擇，就坦蕩蕩面對吧。

我看到那個孩子的肩膀垂了下來，淺淺的吐了一口氣，紅紅的眼眶，似乎吐盡胸中塊壘之後，他跟我說了聲謝謝，他知道怎麼跟他父親溝通了。我送孩子出門，看著這孩子漸行漸遠的背影，只覺得教養孩子的過程不就是一次又一次望著他們離開，離開我們的身邊，去到一個成人的世界裡，接受那裡的感情跟殘酷？而我們卻願意站在家裡，等他們回來。

張愛玲說：「生命就是一襲華美的袍，上面爬滿了蝨子。再美好華麗的生活，總有不為人知的一面。」我很開心為我的朋友開了一絲出口，在我這裡得到慰藉；我也開心因為我是病人，所以我的朋友們可以在一個相對強烈的對比上，滿足了他們想要的東西。

原來，生命不是外在世界如何定義了我們，重要的是我們自己的解讀，定義了我們自己的人生。

05 出租大叔：黑洞

人的青春只有一次，我也希望在我自己的青春歲月中出現過這樣一位出租大叔。

朋友的小孩偷偷撥了通電話給我，他有個無法跟爸媽啟齒的問題，但他沒有錢，問我可不可以在我這裡打工抵帳？對於一個這麼開朗主動的小孩，我很歡迎，即便免費我也樂意。

約好在一個陽光燦爛的午後，他穿著運動服前來，看來是個愛打球的小孩，在學校功課不錯，但他父親一直認為他不夠完美，總是挑剔他的行為；他最近碰到一些問題，他被學校裡的非升學班同學盯上，跟他勒索過好幾次，他已經無法忍受，想知道可以怎麼處理這件事情，也讓他不會被他父親輕視？

我看他穿著籃球服，問他喜歡打籃球嗎？他回答「非常喜歡。」於是我跟他講了一個故事，故事的背景在四十年前，故事的主角，是我！

國中時代的籃球場一直是我在課業之外唯一的出口。籃球場上沒有成績高低，只論身強體壯。幾個放牛班的學生盯上我，只要我在場上報隊，他們就兩人一組，甚至三人包夾，碰撞後總有些拐子招呼在我身上，吃了悶虧，還會遭受他們語氣上極盡挑釁的霸凌，久了，我對這個球場出現恐懼，即便只跟自己班上同學打球，我也會出現無名的恐慌；甚至因為擔心放牛班的學生繼續盯上我，我改變上課的途徑與時間，搞得自己每天上學筋疲力盡。

當時我在別人眼中一直有一種勝利組的優越，正因為這種誤解，驕傲的自尊無法將內心恐懼釋放出來，也不願及時呼救，即便被霸凌，受創的自信千瘡百孔，我收斂了所有光芒，身上再也沒有那種意氣昂揚，抬頭挺胸的姿態。

宇宙中有一種黑洞現象，由於周遭存在巨大引力場，所有經過附近的物質均被吸附進去，即便連光也不能逃脫。我就像一個死亡恆星所造成的黑洞現象，內在壓抑自己的跳躍，外顯收斂了所有的開朗，像一隻受傷的野獸，踡伏、驚恐、失去對外界的一切信心。

但生活終究是我自己的舞台，我退無可退的坐視自己的領域被侵門踏戶，我也不願意向只會息事寧人的大人求救，我決定用我自己的方式處理；我主動向放牛班的班長示好，拜託他介紹他們班那幾位霸凌者讓我認識，我帶著飲料拉著他們班長，一起去找他們表示友好，他們大概也沒想到升學班班長會以如此禮賢下士的態度找上門，大家哈拉幾句不著邊際的幹話，對男生來講這就是一笑泯恩仇的方式，從此大家球場上相見恨晚，我度過了青春期第一個危機。

跟這小孩對話過程中，才讓我突然憶起這段往事，我沒有尋仇的勇氣，也沒有保護我自己的武力，我學著當一個原力覺醒的天行者，將自己能喬事的優勢轉化為保護自己的強勢，這個經驗讓我在青春期的中後期，反而成了一個擁有借勢喬事、保護跟穩定班上安定的勢力。也許停在港口的船最安全，但將因此失去一生遠航的機會與能力。我用我自己的帆，找到了自己一生可以倚靠的原力。

黑洞是最黑暗的世界，卻也造就最光明的時間；在時間與光芒都無法掩蓋的當下，我抓到屬於自己初始的原力，終於脫離無限引力的桎梏。

我鼓勵小孩先去找回屬於自己青春的光影，不必很用力，卻要能借力使力，把真相攤在陽光下，讓自己的光影，驅散藏在黑洞中那些陳年霉爛的紛亂。這才是青春最寶貴的實習。等你回頭填充完自己的自信，我相信你父親應該也很訝異於你的成熟，對你少了一份擔心，卻多了一份驕傲吧。

06 第二人生

賈伯斯說：「死亡是生命最棒的創新，因為它將徹底改變你的生活！」只有死過的人，才能豁達的認同這種心情！病後復出，第一場演講就是在遠見保險經紀人公司的年會上。我永遠記得偌大演講廳台下二百多位保險菁英們每一雙炯炯有神的眼睛，聽著我的生命故事時的專注，這時候，我多麼期待這群保險菁英能夠透過我的故事感受到生命的無常，同時了解生命真正的價值，才能讓他們去分享給更多的人感受到：「只有當你熱忱的享受當下的每一天，才能無愧於當你走的那一天。」「我雖然不在了，但請你們永遠記得我的故事。」

有別於過去的演講，講完之後總有許多的交流互動，今天的演講完，我站在門口，默默地分送「器官捐贈同意書」，期待透過一場演講，影響到更多的人能「移情做大愛」。而事實上，我也接受到他們許多正面的鼓勵，很多人回饋給我：「他們原本躊躇不覺得有特別的必要，但是聽完我的故事，他們找到了做一件正當事情的動機。」「事實上，做一件必要而正當的事情，是不需要太多理由的。」

一場演講熱情是可以擴散而且蔓延開來的。就在第一場演講結束後不多久，機緣讓我能再站到新光人壽的板橋區部的大會上再度繼續我的演講，面對台下一百多位保險菁英，分享我對生命的敬畏與體悟。

這個世界總有許多的不安與無奈，誰能想到，一場急性心肌梗塞，讓我前半場的人生在五十二歲戛然而止，三年之後，又重新開啟了一個砍掉重練的人生，從老天那邊回來成為一個少數的倖存者，我當作這是一種使命，這種使命讓我丟掉包袱，誠實的面對自己，簡單的生活著，好讓生命多一點純粹。

最終向老天借了一點時間，再延續的生命中還有什麼想做卻差點來不及做的事情？我任性地列出了清單，期待著另一場人生的盛宴即將登場：

(1) 完成一百場演講，分享我的故事。
(2) 出版一本有影響力的書，影響一千個朋友。
(3) 聽一場五月天演唱會。
(4) 蒐集有故事的鋼筆來紀錄未完成的故事。

(5)突破心臟移植的限制，再看見十個跨年。

那些我還沒想到，也還沒做完的事情，如殘缺的未補足的地圖，也像我任性的浪漫，如果還能夠一路玩到掛，那就更貼近我想以清癯背影轉身下台的瀟灑。遠路何須愁日暮，要好好慢下腳步，看看人生風景了。

07 基因決定生命的一切

當我倒下的那一天，就為這個家族多災多難的流年添加了一筆，又要讓老母流下不少眼淚。

二〇一六年，當漫長寒冷的冬天過去之後，春天用一種不易察覺的溫度與溼度在空氣中氤氳著。我正焦頭爛額地籌辦研究所的畢業晚會，政大ＥＭＢＡ的畢業晚會委由畢業班各自籌辦，展現傳統之間的各項特色，幸好有畢聯會玉娟的協助，但身為一〇二級畢業班的召集統籌，既要維繫這個傳統，又要兼顧學習特色，還要處理、剪輯三年來的影像照片，生活處於一片忙亂之際，卻在四月十九日傳來二哥在睡夢中猝逝的消息；當天一早接到二哥小孩傳來的簡訊，趕到急診室時，大體還沒有移到太平間暫厝，沒有人敢跟我八十三歲的老母提起這個消息，我正惴惴不安的安排後事如何處理時，不料一個嬌小卻偉岸的身影出現在我身後，老媽聽到風聲，第一時間趕到了醫院，一路噤聲不語，我們也小心翼翼的不敢觸動她的情緒，直到陪同我們處理完，安置到太平間之後，老媽才碎碎念了幾句：不再急救一下嗎？人還是熱的，怎麼一下子就走了？

老媽人前堅強，人後自己拿著手帕擦眼淚，絲毫不肯讓我們為他擔心，這個頑固的老母親一直是我們家族的主心。只是沒想到四個月後，換我倒下，算一算，這個心肌梗塞的家族基因，竟然是奪走大哥、二哥兩條人命的主要病因，幾乎，連我的一條命也賠了進去；也許魏崢醫師說的這句話：「基因決定生命一切。」不只是天意使然，也是遺傳帶給我們的提醒，只是這個提醒來得倉促，驚醒的太晚。

這麼多天沒有回去問候一下老媽，終究還是讓老媽知道了我的事情，歷經我二哥的猝逝，老媽的心情似乎淡定，但人卻更沉默了，家裡櫃子上放著老爸、大哥、二哥的照片，似乎音容猶在，如今能讓老母掛心的也只剩下我而已，家裡男人剩我一個人，從三男變成獨子，這是不是老天刻意要我留下來，陪伴老母走完最後一程？

每星期三，外甥女學校沒課的日子，他會載著老母到醫院來看我，看我身上的管線纏身，他會摸摸我的頭，問我痛不痛？跟我說辛苦了，然後打開帶來的小籠包，提醒我可以吃的時候多少吃一點，沒有人跟他提起當時我正處於禁食當中，由她任性地幫我買了一籠又一籠的小籠包，一直到離開醫院，我老母每週固定來醫院看我，每週固定的小籠包也依然在我床頭，等待我「有空」能吃上一口。

現代的醫學發達，心臟可以經過移植置放進身體裡維繫生命，這對老媽來說簡直匪夷所思，至終，他也沒搞清楚我到底怎麼了？只好籠統地用心臟開刀一語帶過，也許，這對他也是一種恩典，至少不用讓一輩子安貧執拗不欠人一分情的老媽，擔心這個唯一剩下的兒子，用了人家的心臟之後，要拿什麼還給人家這分恩情？

三年後，當我親手送走我母親，不禁要落淚感謝老天，讓我能健康地站起來，親手扶著我母親的大體入殮，對老人家、對我，這都是老天爺送我一份足堪告慰、至情至深的禮讚；至於往後這些年復健所受到的噬骨錐心之痛，我也感謝上蒼，老媽已然安詳辭世，不必再為我流這一世眼淚。

08 視訊同學會

我所記得的研究所生活，無關美麗的政大十景，而是從酒酣耳熱之際開始的。

政大EMBA的研究生，是以哈佛個案討論為基礎，在進行案例探討時，龐大的作業需要同學之間緊密的實戰討論，經常在工作下班之際，同學相約研究作業，一邊吃飯討論；一客簡餐、一杯咖啡、一台電腦，產銷人發財，天南地北抬槓，常常可以激發出意想不到的商業模式與不同的營運視野，久而形成一種食堂研究文化，同學之間的情誼也就更加緊密。因此各種名目的活動，春夏秋冬四季，形成一種文化的傳承，除非必要，不輕易缺席！因此每年教師節的謝師宴當然就成為最重要的文化活動之一。

二〇一六年教師節的謝師宴，正值病況危險期，所以幾個同學幹部就決議延後辦理，原意是要我醒過來後，自己認份的來處理這件事情。這一年的秋天，是個颱風多、秋風苦雨、梧桐葉落盡的一季，過了秋分，轉眼聖誕節就要到了，大夥的意思，畢業第一年，還是要辦個盛大聚會，收攏一下大家的感情不致散佚，於是敲定十二月二十三日，在南港的六福萬怡酒店舉辦。

當時我正進進出出醫院多次，自顧不暇，只好委請時任副班代王淺秋（後擔任高雄市政府新聞局長）籌辦處理。寒冷的冬天，讓當年的街貌頗為冷清，但重聚的熱情仍然攏聚了三十幾個人到場，讓這場聚會注定酒酣耳熱，賓主盡歡。

我從十一月就在期待這場聚會的來臨，在病榻中無所事事，也幫忙聯絡一些大忙人，務必到場一聚，滿心的期待卻事與願違，十一月，我因為腹痛及不明原因出血，住進急診室，甚至多次進出加護病房，眼見時日迫近，出血點卻依然無影無蹤，最後一刻與主治醫師商量之後，終於放棄，同學們也知道我的遺憾，特別做了人形立牌在現場與大家合照，一解我無法親自到場的遺憾；班聚的當天，確定我無法請假出院，資工背景的同學動員起來現場直播，透過科技，我竟然可以和所有同學及師長一起共享晚宴，這真是一個美好的經驗，虛擬網路與真實世界的完美結合，讓我看得到、聽得到、吃得到、聞得到，感動得紅了眼眶，隨即這掉淚要命的一幕也馬上被直播出去，憤青馬克馬上嚷嚷著毛哥哭了，多年的形象瞬間毀於一旦，我豁出去地哭，哭得天崩地裂，把這幾個月來的擔心、恐懼、害怕一股腦全哭了出來，但是訕笑歸訕笑，這些不食人間煙火的文青哪懂得我的無奈，我並不介意，倒是這些同學陪我一起走過死亡幽谷，他們日夜在我的臉書上洗版灌文，邀集所有人一起幫我集氣，勸我、罵我、鼓勵我、恐嚇我，威脅利誘要我承諾一定要醒過來，大夥再聚一次，這群一〇二級政大ＥＭＢＡ的同學，一直是我在病中最大的精神支持與鼓勵。他們愛我，也願意為我多次到醫院病房門外等待，政大溫肇東教授跟夫人在我加護病房外守候，政大公企中心主任苑守慈教授也來加護病房探視，同學魯哥寫了篇文章祭天，願意為我折壽祈福，有的同學擺脫護理人員的監控，一路偷渡進病房看我一眼；這些點滴的感情，我一輩子還不起，但我將終生牢記你們愛我、護我的這片心意。同學小蘇特地搜集，製作所有同學的加油打氣音頻，在我病床昏迷期間，日日夜夜、循環播放這些憂心忡忡、卻又充滿正能量的加油聲音，這個聲音後來成為我在重建過程中至為重要的支柱，即便到今天，每當我復健不順利或是沮喪崩潰之際，我仍然時不時播放一段加油聲音，讓自己永遠記得這些來自天使的聲音是如何支持著我、關心著我。我也決心在面對傷痛之後，選擇不是忘記，而是要以我自己的方式，把回憶深深記下；這群可愛的同學所教我的功課，就是學習和悲傷共處，因為在這過程中，我也學習著承接起別人的眼淚，讓我擁有再繼續愛人與被愛的勇氣！這個功課，讓我餘生受用不盡！

09 家人

二〇一六年八月八日這場心肌梗塞，將我的人生劃分了上下半場，在上半場即將結束的當下，身邊只有老婆寶芬在旁邊，在前往急診室的計程車上，我叨叨絮絮反覆重複著：「我不甘心！」我是不甘心，才五十二歲，我還有好多事情還沒有完成，我還沒看到弟弟大學畢業，還沒看到兩個兄弟成家立業，我是不甘心，此時雙眼因為血栓造成突發性失明，當下驚恐莫名，只覺得這一輩子似乎到了頭，人生跑馬燈在漆黑一片的眼前飛逝，唯一理性的思考，只覺得這一夜將會非常漫長，我叫寶芬找佩芸來陪伴，至少在遭逢家人意外之時，身邊有個人陪伴感覺較為安心。

沒想到這一場急診手術，果真從晚上持續到第二天中午，狀況終於穩定下來，但命是不是撿回來？還得看看後續的發展。裝上了葉克膜，持續跟老天搶時間，加護病房外的等待室充滿著所有親朋好友對於救贖的渴望。

這漫長的十天果真是家人最大的折磨，每天半小時進入加護病房探視，看見的永遠是昏迷不醒的我，偶爾神智清醒一些，卻又因為插上了呼吸管，仍然無法溝通，看著我逐漸散去光澤的瞳孔，再堅強的人也不免焦慮起來，此時我全身插滿生化管，加上右心室功能不僅沒有好轉，指數還一日一日的衰退，眼睜睜的看著心臟衰竭，最終只等到醫生的一句：必須做心臟移植才能存活，再堅強的信心，也終於被無情的指數徹底擊潰，我是該慶幸我只是一個旁觀者，在這所有信心崩潰的過程當中，我並沒有承受到任何的壓力，壓力都在我老婆、小孩、家人、親友的身上，他們所擁有的意志是我這輩子所見過最為堅強，也因為他們的信心，在我後續的重建過程中，給了我滿滿的能量。

我很難想像這種煎熬的過程，家屬要有多堅毅的決心才能撐得過來！的確，重大傷病患者的家屬都有一顆強大無比的心臟，既要擔心病者的體況進展，更要承受所有關心詢問的探候，往往會因為隨時發生的小插曲讓家人的理智線斷裂；在我昏迷的病房之外，就曾經出現探視的朋友，因為病房人數的限制，加上嚴格限制每日探訪時間僅僅半小時，因此受阻於加護病房的大門之外，與我的家人引發衝突，雖然都是出於關心，但事後想想的確不可思議。

振興的地點偏遠，家人往往奔波於工作、學校與醫院之間，精神體力早已在往返交通之間耗盡，雖然已經聘請專業看護，但心心念念在命懸一線的家人身上，總是要自己親身看著才能安心，這一份安定的力量，不知讓我撐過了多少病痛恐懼的夜晚，僅僅是半小時的探視，僅僅是一聲聲的問安，都能讓我在神遊太虛的空靈之外，靈魂還緊緊的牽繫在肉體之上，不致魂飛魄散。在昏迷當中，牽過的每雙問候的手，那種掌心所傳來的溫熱與期盼，都是讓我的心跳繼續搏動下去的無名力量。

身為重大傷病的家屬，我的家人朋友表現了最大的支持力量，在白日裡，他們必須扮演所有的理性，行走在社會的秩序裡；但在黑夜裡，卻是別人看不到的眼淚。二姐和姐夫從美國飛回台灣殷切關心、陪伴在病房之外等候；大姐時時準備溫熱的牛肉湯，隨時等待我可以進食時取用。兒子在馬祖當兵，當天就請假飛回台灣，直接住進了我的病房，在我出院之前當了好一陣子看護，把屎把尿也不嫌棄；小兒子在台大的迎新活動如火如荼，此刻更是無心籌辦，日夜跟媽媽守在加護病房外等候；我家人的性格低調，在這次我遭遇病危的時刻，更顯得沉著冷靜，也因為冷靜，沒有呼天喊地，只有靜默堅守；我愛我的家人，也感謝他們為我所做的一切，沒有我的家人，我連堅持的勇氣都沒有了。但，再堅強的人，精力都是有限的，寶芬在家裡廚房用刀時恍神割傷了手掌，緊急到了醫院縫上了幾針；兒子更是日夜不眠不休的在病房中當二十四小時看護；我的家人朋友是世界上最支持我、關心我的人，他們日夜在病房外面等待，默默為我做了一切，讓我在歷經病危之後，還能奇蹟式的平安出院，這是老天爺的恩賜，也是我的家人一起動員完成的一場漂亮的後勤支援。我雖然幫不上忙，整件事情，我只是一個旁觀者、也是一位倖存者，老天給了我一個重生的機會，有生之年，當好好善待、珍惜這輩子一家人的緣份！

10 閱讀有多長，生命就有多長

從博士班到出書，這幾年生命的起伏也剛好經歷了讀書、寫書、出書的歷程，從生命重建開始的那一刻，「書」一直是我心中最美的陪伴。

在醫院的時間很多，但醫院不適合閱讀企管、策略這種大部頭書本的地方，氛圍太沉重，大腦會自動關閉了海馬迴貯列的方式，我會發昏讀不下去，也許比較適合試試輕閱讀，我嘗試讀了幾本輕鬆小品，但沉重的心情也無法過度的輕閱讀，好在我朋友多，知道來醫院看我就多帶幾本書，其中不乏佛經、勸世之類的勵志小品，我也真的試讀了南懷瑾老師的《金剛經說什麼》，也許是心境的不同，初嚐接觸金剛經的經驗並沒有嚇倒我，看完佛法，接著看著蔣勳老師的《捨得，捨不得》，聽老師娓娓訴說：「我們是藉著自己或他人的不完美，才給了自己更寬容的修行機會吧！」也會隱隱觸動心房裡最脆弱的那一塊，不禁掩書長嘆淚流不止；嘗試多本之後，其中最有收穫的該是讀了《進可成事，退不受困》，跟著薛明仁老師看史記，看薛老師月旦楚漢豪傑，其中評析劉邦尤其精采，他說：「世間之事，真該全力以赴者，其實有限。一則吾生也有涯，事也無涯，以有涯追無涯，殆矣！二則事有輕重、有緩急，有值、有不值，遇事知所揀擇，清楚該聚焦何處，本來就是生命的一大功課。」再從史記去看劉邦在生命轉折處所表現的不沾不滯，凡事無所屈，隨時無所賴，進可成事，退不受困的這種灑脫，可不是勤學可成。除了沛公殆天授的原因之外，一般人大概也學不來他那種痞賴天成的氣息吧。所以相較於劉邦，老師評論的韓信反而給我有更多的自省；跟著老師讀韓信的《淮陰侯列傳》，突然想起好為人師的自己，感覺過去有些莫名的自矜與自伐，再回首韓信的傲岸姿態後，是不是有更多自己可以借鏡的地方？所謂上山容易、下山難，上山依仗的是才情與志氣，下山憑藉的則是智慧與心量。才情極高者，稍不小心，常常就被自己的才情給緊緊束縛；志氣極大者，若無自覺，也不時要被自己的雄心大志給逼得無力轉寰；項羽烏江自刎不正是如此？換做劉邦，逃的再狼狽又如何，保住老命才是正途。所以才情與志氣，可以是資糧，也可以是最沉重的包袱。連韓信這個聰明人，卻也從來沒看清楚自己的傲慢與偏見，一但回望此身，總會被自己驕狂的姿態遮蔽的只剩下一片陰影。於是在病床上讀完《淮陰侯列傳》，反射給自己看到的又何止是韓信一個人而已！

這些經典的書，捧在手上，暖在心裡，但也唏噓不已，在台灣看書、買書的人群早已散佚的今天，有作者持續琢磨這些經典，集結出書，無異在出版業多年的闇黑時空裡，點上一盞風燈，安撫了一顆耽溺閱讀的心，令人在捧書開卷之際，著實暖心不已！

出院後，陸陸續續把幾十年累積的藏書整理歸類在工作室，只是原本狹小的空間就因此更顯擁擠不堪，終於被迫得清理，只能把過時的財經、企管類優先處理，再把高中以來的小說忍痛送走，這一清理就是十七箱封裝的回憶啊！每一本書都有歷史，每一頁裡都是故事，輕撫著扉頁上記載的日期，彷彿回到那些青春逐夢的年月；對不起啊我的這些書友，謝謝你們一直陪伴著我的青春，但是在我人生的下半場一開始，我得清出一些空間給新朋友，不管是周圍環境的！還是心裡私密空間的！

送走了這些書籍小友，讓我知道它們都會有一個好歸宿，雖然捨不得，但我也願意祝福它們，讓我的每一本書都能找到一個一樣愛書、愛它們的主人！

才剛送走一批書，戀書成癖的我，又開始手癢前進書店補貨；補貨逛書店，有時純粹就是迷戀它的味道。紙張有種迷幻的芬多精，越是陳舊的紙張，越能刺激腦內啡的分泌，總在我細細撫觸每一本書的扉頁之後，能讓我有種定靜的安詳，似乎比我的血壓藥還有效。每隔幾個月，我就會去和平東路上的舊書店走走逛逛，這裡的舊書店從不掩飾大隱隱於市，卻從容悠閒的性格，創造出一個居於豪門大廈之中，卻毫不扭捏的慢讀空間，低調的門後，總是能讓我找到幾本適合自我對話的良師益友；讀書的時候生活總是變得敏感，身邊的一切盡成了生命的意象，早上的太陽、聒噪的蟬鳴、蜿蜒的車流，坐在捷運座位旁邊短髮的高中女孩，她的黑裙，還有綠書包。生活盡成了一幅一幅的畫面，嵌進我的生命裡成了插圖，這是一個都市文青，最舒心又最發懶的享受。要知道一個癡心的書漢，要麼心在書裡、要麼身在路上，靈魂和身體，總有一個在前進，所以閱讀有多長，生命就有多長，希望此生永遠以書為伴、有書為友！

11 不老的青春

過了雪山長長的隧道，眼前突然亮起一片綠油油的山光，像是展開了漸層的畫布，這是宜蘭，陽光下的宜蘭，空氣中滿滿都是春天花草復甦的味道；靠著雪山的阻斷，蘭陽平原保持了有如處子般的純真與靜謐，而這裡，有我的青春記憶！

六個相識四十一年的中年老漢，四十年前的一個承諾，在相識四十年後的今年，決定再一次走過北橫，為當年青春壯遊北橫的記憶留下一個永恆的註腳！

四十年有多長？倏忽而過的歲月，讓我們從十六歲哥們，蛻變成五十六歲的爺們，頭髮灰黑斑白，六個油膩大叔，肖想著藉由長征，找回自己的青春尾巴，這個想法有點天馬行空，畢竟當年還有新鮮的青春肉體可以揮霍，而現在為了一個誰也記不起來的承諾，竟要捨命來重現壯遊之舉？這個想法毫無意義，而且絲毫沒有執行的可能！想抓住青春尾巴，打打嘴砲就可以，一但較真，誰都聽得出來：這個玩笑開大了！

打打鬧鬧了四十年，一起說話瘋瘋癲癲，剛開始誰也沒當回事，直到老K真的把時間、食宿確定，開始收錢了，大家才慌張了起來：怎麼請假？怎樣住宿？要走多遠？這件事情才算是真正變成大條。

要安排這個活動有多難？來看看六個中年大叔的生活型態，就知道這件事情有多不靠譜；六個老頭，除了我在家養病閒閒無事，一個律師公會理事長、一個大學教授、一個基金經理人、一個廣告製作人、更有從紐約專程回國的歸國僑領，六個各奔東西的老友，因為一念牽絆，竟要排除萬難，只為了再做一次毫無建設的青春傻事，光是念頭就有了一分揪心的感動，大夥兒什麼也沒說，但我知道，這群哥們藉著出遊當個藉口，也是為了給重啟生命的我帶來一份鼓勵，大家一起出遊集氣，再一起開始下半場的人生。

一開始說好的健行壯遊，到了出發前怎麼就自動變成坐車旅遊？也不能怪大家膽怯，五十六年的太平人生，一個個養出了肚腩肥膘，再讓大家拚命的一路健行爬到一千七百多公尺的明池，恐怕要出大事的，大家只是小聚怡情，可沒有誰真的要一路玩到掛。

於是六個老漢，輕車簡從，從宜蘭換車經過棲蘭，來到宜蘭的太平山間；明池彷彿是一座被時光遺忘了的美麗山間小城，這座寧靜的小城被蔥綠的樹木環繞，彷彿隨時要被枝葉和藤蔓形成的翠綠波浪吞沒。樹葉在起風時沙沙作響，那聲音像海潮，又像搖籃曲，籠罩著這座小城和森林遊樂中心的人們。

明池位於北橫的最高點，曾經在救國團時代有著人來人往、繁盛異常的時光。但時代變遷，現在已經從旅人交織變成車輛鼎沸的山城。這裡已經完全沒有四十年前的遺跡，有的只剩下青春的心情記憶，當年我們從桃園復興鄉一路走過巴陵、上巴陵，行囊中除了帳篷跟食材，還有一把青春必備的吉他，扛著吉他健行北橫是我這輩子最蠢的決定之一，卻也是青春最好的印記，一群小伙子吟著蘇軾的定風波：

莫聽穿林打葉聲，何妨吟嘯且徐行。

竹杖芒鞋輕勝馬，誰怕？一簑煙雨任平生。

小伙子的腳力果真一路竹杖芒鞋輕勝馬，陡峭的山勢對當時的我們，確實沒有任何的阻礙，卻也因為年少輕狂輕忽地形，在我們想切入當晚的扎營地點：扎孔溪畔時，卻錯過山道也因此錯過傍晚安營扎寨的時間；山上暗的特別快，太陽跳回山谷時，路上已經是暗黑一片，年輕人再怎麼天不怕地不怕，在一片漆黑的山裡，聽原住民吹噓台灣黑熊是如何愛吃人的內臟，嚇得大家決定就地扎營，再也不肯多走一步；年輕人打打鬧鬧一番就忘記黑熊的故事，開始認真的埋鍋做飯準備野炊；當年物理化學沒學好，搞不懂在海拔高處煮飯怎麼總是煮不熟？半生不熟的飯容易鬧胃疼，所以泡麵在行程中從配角變成了主食的角色，一天下來飢腸轆轆，再難吃的野菜煮泡麵也總能吃到湯料不剩。

對照四十年後的重遊故地，野炊變成了明池山莊精緻的八菜一湯加甜點飲料，並非由奢入儉難，而是山上想重返現場煮個泡麵也難。吃飽閒嗑牙，講不膩的永遠是當年天黑在山邊搭營野炊的後續發展：當時天黑路窄，大家不敢多想，扎好營帳早早入眠，第二天清晨野營迎來的不是日出與雲海，卻是一聲響亮且急促的汽車喇叭；原來當時天黑未能辨清所在位置，一個八人大帳就這麼大咧咧的扎在產業道路上，早上人家鐵牛車要去載貨做生意，車上的人看著好好一條路硬是被一頂帳篷塞住，氣急敗壞、挫幹喇剿底看著這群高中生倉皇地撤帳、徹鍋具；這場鬧劇，在我們口中講了四十年，卻也足足笑了四十年，再回到此地，早已無法辨別當時的所在位置，一樣的山光暮色，時間與景色間的交錯，現在都只剩下模糊的青春光影了。這群老友閒閒無事，一個個獨自走進路旁的吉野櫻花叢中，撫觸著樹幹與白色的吉野櫻，那種光景，像極了穿越時間流，回到那個曾經屬於我們的青春年代中。

紅塵靄靄，餘暉未盡，追憶逝去的那個青春和那些人，我們會更懷念哪一個呢？

12 下崗

二〇一九年十一月三十日，正式把公司交給合夥人，退掉自己的工作室，每天到東湖的圖書館報到，繼續我的書寫工程；卸下所有職務之後，保持一個演講、寫作的空間自由，對我而言這也是一個挑戰，對於尚未六十歲的我而言，拼搏的日子似乎還可以延續幾年，退出舞台之後的虛無感，聽過太多的傳言，這可會減少一個中年上班族的實際生命，不過身體是現實的，我已無法負荷長時間的工作、開會，現實的環境讓我選擇退下來，我只是聽從身體的指引，好好休養身體，好好運動、吃飯、睡覺，也許可以延長幾年心臟移植的保固期限，聽到我孫子輩的琅琅笑語。

書寫是一件長期運用腦力的工作，找一個議題，看幾本書，寫寫心得，po上臉書找知音，我成了一個跨業書寫的公務員，憑良心講，我還蠻喜歡這種生活，雖然網路上愛書的知音難覓，大多數的時間，我經常是個自說自話的書癡，但享受當下選書、訪書、看書、品書的過程，著實讓我受益良多，並且孜孜不倦。近日偶然間在一堆泛黃霉爛的舊書當中翻找到胡蘭成的《今生今世》，便是一個相當有趣的例子，這本《今生今世》竟是民國六十五（一九七六）年的初版，當時胡蘭成受中國文化學院（現文化大學）邀請前來台灣，在當時的政治氛圍中，在高層的默許之下，前來台灣客座講學，本書即是胡先生離開台灣，前往日本定居前在台灣出版的首刷，頗有歷史價值；歷經四十四年的歲月，能保存迄今屈指可數。此書畢竟經典，在海峽兩地早已翻印過無數版本，多年來，仰慕胡蘭成先生、攻擊謾罵者亦有之，更有甚者在胡蘭成的照片上塗上渣男兩字，除了堅貞的張愛玲的鐵粉擁護者，不能忍受這種渣男的欺侮，亦有輕慢此人曾為漢奸的政治不正確，但這些都無損胡蘭成先生在文章學術上的成就。胡蘭成的書不好讀，受諸子百家的治學文風影響，不願受西風東漸，過度強調邏輯、結構的發展，於是就發展出一種亦古亦今的說文方式，雖不受當時的文壇主流所喜，但龍應台說：「這是另創了一種新文體！」也算是替胡先生尋找到了一個較正面的定位。

我是好奇才讀了此書，初探不明其中複雜歷史糾葛與感情，就覺得是個老文青在述說他的慘淡一生，但閱讀之後卻常有一些驚喜出現，尤其全書九章之中有三章在敘述他和張愛玲的情愛糾結，比例之重才讓我警覺到此人的不凡；張愛玲是民初有名的才女作家，同時個性冷漠高傲，而此人能讓張愛玲愛之惡之，倒是掀起了我的好奇；楚門・卡波提曾經說過，所有的文學都是八卦，也許這就是最好的例證，既然好奇怎麼能不對胡蘭成多加考證一番，於是過程參考了薛仁明的《天地之始》與《萬象歷然》二書，才稍稍具備閱讀此書的一點基礎背景，也才終於了解，為什麼有人說：「每個女人都會碰上胡蘭成，但不是每個男人都能碰上張愛玲。」這也為何後人撰寫張愛玲傳記會為他註記：「若無相見，怎會相欠。」這種文字！

好書不能輕慢，更應該尊重，雖然本書的定價五百元，較之書頁上的原始價格貴上一倍有餘，甚至二手書市場上各種版本的價格皆遠低於此，但能在出版四十四年之後，看見首刷的書籍，能夠安然無恙保存得極好，仍然見獵心喜，手殘剁手指留下，相較於西方的古董舊書商場，一本西元一五〇一年活字印刷術發明後的精緻裝幀的書，動輒數十萬美金起跳，我不過花些小錢，為舊書的市場盡份心意，讓這些經典的書籍，繼續乘載許多的智慧與勇氣、許多的愛情與悲傷、許多的過去與未來，讓這些書提醒我們世間的愛與美好，這樣書的意義便能一直存在！

退休本是無奈，我不想嘆老悲窮一身文人酸氣，有書為伴，即便棲身在公立圖書館，心便有了棲息的所在，自己便不覺得是流浪，更因此意外發展出一種新的生活。人生最幸福的事，不是活得像別人，而是在努力過後，我能活得更像我自己。

第四章

相逢

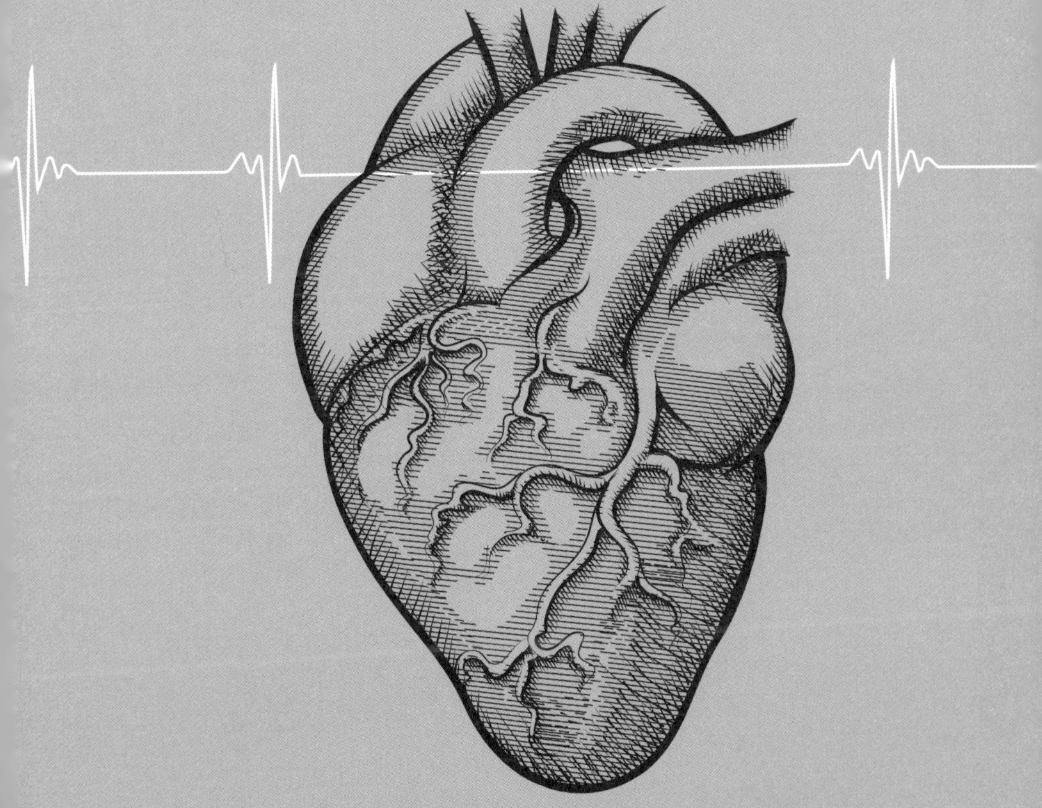

01 媽媽與小魚的緣起

二〇一九年，過了一個連呼吸都燃燒的溽暑，突然間秋天就到了尾聲，寫稿一直在進行之中，但我一直覺得這樣的內容不夠圓滿，如果我的書中只有寫出受贈者的生活，其實是不完整的，生命的延續，需要傳與承之間的對話；捐贈與受贈者之間，延續著許多無法言喻的因緣，當我們在某時空把這些因緣承接起來，這裡面又包含了多少的愛與承受，旁人很難理解捐贈與受贈之間到底承受了多少心情，如果我的隻字片語能讓他們了解我們的生活，當中體驗了一些他們也能感受到的心情片段，也許我的文字很淺白，但重點不是在用字遣詞，而在於我們背後的生命，那份我們對於我們愛的人的愛、那份我們早已忘記珍惜自己的珍惜。

於是我遇到了故事裡的單親媽媽與小魚，而相遇更是一種緣份，在冰冷的人際圍牆中，因為我們有著相近的人生際遇，使得我們的語言跟文字不再冷漠，因為互相的關懷，使得我們更懂得體諒，體諒是一種很敏感的情緒，他不會自我保護，也不會躲起來，它會顯露，讓人看到心靈的脈動，有如嬰兒般的初心。也因為體諒這般初心的緣分，我們開始了一些生命的對話與互動。

二〇一九年的深秋，月亮霂上一層柔黃光影，在應該是花好月圓，人團圓的時分，在高年級實習生的社群裡有人在敲我；代號「單親媽媽」寫了一段文字：

「在生前
我教孩子愛是一種慈悲
在現在這最後一刻
我在耳邊告訴孩子
把愛還給慈悲，
孩子安心的去吧。

潛意識裡我也好想貪心的遇上隱藏版的家人，我也想好好聽一次隱藏版的心跳聲，多麼想遇到這不可思議的緣份，如果遇上了，我想我會痛哭，然後我會努力釋懷。」

多讓人震驚的一段話，我立刻敲回去給他，這應該又是一段令人揪心的記憶，於是他告訴我一個屬於他跟兒子小魚之間的故事：

小魚的小名叫做毛毛，但是大家都習慣稱呼他小魚。

小魚從小跟著媽媽一起生活，還是小小孩的他常說：「別看我是吻仔魚，是很勇敢的。」

善解人意的小魚，體貼媽媽忙，沒有辦法天天為他煮飯，總是告訴媽媽：「沒關係，外面吃一樣很飽、很幸福啊！」還不吝嗇體貼補上一句：「母后，不用煮，不要太累。」小魚總是戲謔地稱呼媽媽母后。

午後時光，晚霞霓虹滿天，小魚經常十指交扣緊緊握著媽媽的手，自覺像個成熟了的大人，他常說：

「我是男生，外面車很多很危險，我走外面，這樣母后比較安全。」

望著小小魚的臉，看見他的早熟，身為單親媽媽有些心疼，也為小孩的勇敢暗自讚嘆，是男子漢就是要勇敢，沒錯。媽媽是這麼教他的。媽媽緊握他的手，他的頭卻忙著來回望，深怕車多危險，但他嘴角上揚的笑，深知媽媽的笑盡是嘉許著他的勇敢。

直到長大，他依然不變的與媽媽每天十指交扣，縱使母子倆躺在沙發耍廢聊天，也要扣著媽媽的手玩，愛撒嬌的小魚常說：「母后，要記得我愛妳喔。」……多麼貼心的一個孩子。

小學三年級的小魚，在情人節這天放學回家路上，看見媽媽來接他，跑到媽媽面前，喘著氣說：「哇，這是我的白雪公主嗎？這麼美啊！難怪把我生的這麼帥。」這吃了蜜的嘴，不疼他都難。媽媽問他：「想要什麼嗎？」

小魚說：「媽給我十塊錢？」

媽媽心裡想，小魚平常不會討著要錢，所以就順著他了。

小魚跑進便利商店，要媽媽在外面等他。

看他小小的背影，媽媽透過玻璃看他排隊結帳，小魚也調皮的透過玻璃嘻嘻笑著。過一會兒，一張天真浪漫的臉跑到媽媽面前，小小的手心握著巧克力，在媽媽面前說：「母后，今天是情人節，沒有人送你巧克力，所以，買巧克力送你，祝你情人節快樂！」

才說了一句謝謝，媽媽就紅了眼眶，貼心的他還說：「放心吧！每年我都會買巧克力給我的白雪母后。」這句看似無心的承諾，一直到出事前，愛媽媽的他果然每年情人節都會買盒巧克力給媽媽，完成他一生的承諾。

身為單親媽必須擔負著所有的經濟來源，有時得輪到沒人要做的大夜班，每個深夜都是媽媽最擔心的時候；有次在半夜上班時刻接到電話，那一頭小小顫抖的聲音哭著：「媽，我流鼻血，流很多血。」媽媽安撫著他：「躺平，不要怕，拿衛生紙塞住，慢慢呼吸，那是因為挖鼻孔，鼻膜受傷了，沒事的！」貼心的小魚反而回過頭安慰媽媽：「我沒事，不要擔心，等一下就好了，我不怕。」怎能不怕，媽媽知道小魚只是故作堅強罷了。

一會兒到了休息時間，媽媽火速飛奔回家，這種生活中的掙扎，幾乎涵蓋了小魚的整個童年；每天這樣苦撐著生活，媽媽不覺得委屈，卻心疼委屈了小魚；如此的逼不得已，如此的相依為命，卻是如此的刻骨銘心，累積成一點一滴的愛，愛沒有錯，只是緣份短暫了。

二〇一八年十二月，小魚意外摔車傷重不治。單純的意外卻意外地牽扯出年輕人追車，造成小魚不幸喪生的悲劇，單親媽媽在調閱了無數的錄影帶後，確認當天有人在後面高速追車，雖然動機不明，單親媽媽卻已然決定不提告，讓年輕人有一次重新認錯反省的機會，只是生命教育還沒有來得及感化這些年輕人，一年多來，單親媽媽沒有得到事實的真相，也沒有等到一句道歉，但是生命該放下的時候就放下了，單親媽媽慨然捐出了小魚的全部器官，讓這份短暫的母子緣分畫下一個句點，生命也許說不出有什麼意義，但活著就是一件美好的事情！許多捐贈者家屬終其餘生走不出創傷的陰影，但絕大多數的家屬經過幾年喪失摯愛的徹骨痛楚之後，開始了緩慢的悲悼過程，重新評估自己的價值，重建人生，最終發現世界仍然美好，我希望捕抓到這份屬於世界的美好，於是我書寫下來，讓這份屬於單親媽媽與小魚之間的故事，能在我的書裡延續下去。

我想單親媽媽一定也曾控訴過老天爺的安排，為什麼這麼狠心的剝奪了這份母子因緣！很多的時候媽媽也找不到一個可以堅持下去的原因，這時候只好找一個理由，讓生命重新開始，於是他勇敢的跟我分享了他的故事，即便生活上充滿悲傷，但思念和悲傷並未扭曲了他的靈魂，而是在於怎麼度過這些消沉之後轉念為另一種寬闊恢宏的生命過程。

勇敢的媽媽，加油！

02 人生問答：器官捐贈

毛哥問媽媽：「媽媽今天的狀況如何？」

「謝謝毛哥，還不錯。」

毛哥：「好，今天我想問你一些比較辛苦的問題。就你能力所及慢慢回答，講不出來也沒有關係。」

「沒問題。」

小魚發生意外之後，也是你情緒最悲痛的時候，當下你怎麼會想要捐出小魚所有器官？家人會不會反對呢？你又是如何勇敢去面對這些問題呢？

「二〇一八年十二月，一個寒風蕭瑟，空氣中含著露水的清晨五點半，這城市有一半的人還沒醒過來的時候，小魚在下班返家的途中發生嚴重車禍，昏迷送醫急救，十天後醫生判定腦死。」

毛哥：「在醫院之後，發生什麼事情？」

「那是一段好傷、好傷的回憶，心情好重。」……（你慢慢來，沒關係）

「當一切必要的緊急急救手術之後，小魚回到加護病房，我看見這個全身插管的孩子，真的是痛在娘身，摸著他的額頭，呼喚他：『小魚，沒事的，媽陪著你，加油。』就怕一個撫摸都弄疼了他。傷好重，我心好痛。」

毛哥：「醫生說了什麼嗎？」

「我問醫生，這麼嚴重的傷，我想知道手術後存活率多大。」

醫生看了我，頓了頓，搖頭說：「如果他堅持住活下來，要醒的機會很渺茫，即使奇蹟醒來，要能一般行走也很渺茫，昏迷指數太低。」我像墜入山谷，殘忍的事實，叫天不應呼地不靈。這一刻眼淚終於潰堤，理性瞬間崩解，腦袋一片空白。

毛哥：「這時候理性把你拉回了當下，你做了什麼決定？」

「我請醫生給我二分鐘時間冷靜一下。醫生護士看出我的虛弱，靜靜地陪著。二分鐘後我就已經做好決定，告訴醫生，請您盡力守護他，萬一惡化要急救，我選擇放棄急救。如果身體內器官還健全，我想他的善良願意成全做件好事。」

醫生動容了，紅了眼眶說：「如果最後真有遺憾，願意做器官捐贈嗎？」

我，說不出任何一句話，只是肯定的點點頭。

毛哥：「可以算是你幫小魚做了最後的決定？」

「當時我冷靜下來告訴醫生，因為他年輕，身體健康，條件佔優勢，如果可以成全需要的人，這是件好事。醫生只是看著我說謝謝妳。」

毛哥：「小魚還有其他的家人嗎？他們怎麼說？」

「隨後，我拿了小魚手機聯絡他的父親。他的父親認同器官捐贈是好事，但是想不透我為何這麼殘忍要讓小魚去做器捐？」

雖然在家人之間出現意見，但我沒有讓他父親的雜音繼續出現，小魚從小是我單親撫養大的，待他長大成熟懂事，我們母子也曾經聊過器官捐贈的意義，當時小魚是認同的，我們有著一致的共識。我嚴肅的告訴他的父親：「我經常告訴小魚，做人要取之社會，用之於社會，一生平平凡凡就好，做人為善，要善待身邊每個人，如果有一天發生了什麼意外，急救沒有意義的時候，媽會放棄急救，而且將健康的器官捐贈；壞掉的器官沒有維修的機會，如果有人替你愛惜，你就慷慨解囊，用最後的善良去完成，把愛還給慈悲。」

他的父親低頭不語，表示認同了。

當醫生宣布挽回機會不大之後，連續九天我抱著小魚，摸摸他，溫柔的告訴他要他勇敢，媽陪著你，用你的善良去完成最後一件事，做一位英雄，媽救不了你，但你可以救很多人，這是好事，你可以做到的，不要在乎媽媽難過，媽扛的住，一切媽擔著，別怕。

小魚真的好乖，他聽懂了，做了好事，讓摘除手術醫生順利到無法用醫學解釋，因為他真的用最後溫柔的善良，把愛還給慈悲，而且心甘情願的。

毛哥：「孩子走了，你的心也破了一個大洞，怎麼修補？」

「事情告一個段落之後，剩下的只有我怎麼療癒自己的心，我沒有想法，不知道未來怎麼辦，發呆的坐著，一個人靜靜地，沒有說話，這樣發呆了三個月。」

「這期間種多肉植物療癒自己，其實，只是沉澱讓自己平靜。因為平靜，一天一天讓自己看清這因果，讓自己去透徹這輪迴，我告訴自己，我好，兒子才會好，我安心，他才會心安。」

毛哥：「你好勇敢，面對孩子的無常，你是怎麼讓自己慢慢走出來？」

「我的堅強崩解成一地的脆弱，起初三個月開始動手在手作上，我告訴自己，用創作來轉變自己的心，但是當學生來上課，我拿起筆那一刻，情緒瞬間崩潰。」「但我告訴自己，站穩了，一切才扛得住；站穩了，也許我還能見到受贈者；我期望聽見兒子心跳的聲音，我期待看見受贈者精采的活著，這樣才能成就大愛器官捐贈的意義，才能看見美麗的生命被接力地延續著。」

雖然生命只在呼吸之間，顯得如此脆弱又堅強，而我想起了民初詩人卞之琳的一首詩：「明月裝飾了你的窗子，而你裝飾了別人的夢。」捐贈者的大愛何其勇敢，而捐贈者的家屬亦不遑多讓，他們共同成就了別人的生命，也成就了這個世界最美的一番風景。

03 愛，補滿了心中的缺

毛哥：「小魚是個很單純的小孩，從小到大，他對自己單親的家庭背景有曾經抱怨過什麼嗎？」

媽媽：「國二時候，還住在高雄。因我忙著工作，發現小魚開始有些叛逆的小動作，沒多久我搬到台南，小魚轉到台南讀書，就開始進入叛逆期，還好，不是壞，就是開始懶散不讀書，趁我上班時間和同學玩在一起。一開始功課算不錯，一旦懶散了，程度就跌到谷底。還好這令人頭痛的叛逆期不長，也不壞。」

有天，趁他不在，我看了電腦即時通訊對話，發現小魚叛逆的癥結，小魚和同學的對話寫著一句：「為什麼我是單親的孩子？」

看見這一句，我頓時有點心灰意冷，但也總算找出癥結所在；我開始想著，該如何對症下藥根除他的心病；我一直在等待時機，要如何利用天時地利人和才能有效化開他的心結？怎麼說法與做法才能在不傷孩子內心的情況下，讓小魚釋懷一切？我天天在等待，好幾年過去，記得臉書這東西已經登錄二年，一天中午，開電腦看看臉書，怎麼會臉書突然私訊出一個訊息，寫著：「妳好嗎？兒子好嗎？」

我訝異很久，是個女性，這是誰？

考慮很久之後，我回她：「請問妳哪位，我很好，謝謝。」

對方說明來意，是小魚爸爸新的老婆，原來小魚爸爸想認兒子。

我心裡想著：「終於，時間到了。」我告訴對方，我不會阻擋孩子的幸福，也從沒有阻擋過相認這件事情，但是，讓我先問問小魚，不要給他太大壓力，我來探探他的意願。

想不到小魚一口就答應和爸爸相認，不知道這是天秤座的隨和，還是一直以來渴望的驅使，小魚答應的超乎我預期的爽快。

隔天午後，一夜無眠讓我頭痛欲裂的躺在床上，小魚開門進來，直接撲抱著我說：「媽，我去爸家，阿姨會來接我。」

我滿臉訝異：「他怎麼知道我們住在哪裡？」

小魚說：「知道，爸說他一直知道我們的下落。」

「好吧！去梳洗一下，讓自己乾乾淨淨的，香香的。」這是天秤座愛漂亮的慣性，我彷彿還聽見浴室哼著歌聲的心情。

一番打理後，小魚倒杯水給我，出門前小心翼翼的對我說：「母后，妳去睡覺，我到樓下等阿姨，記得我愛妳。」送小魚到門口穿鞋，看著他，感覺真的長大了，也應該是時候見見爸爸了。

我捉住不可失的機會，整理一下他的衣領，冷靜地對他說：「小魚，你聽好媽現在說的話，現在要去見爸爸，要有禮貌教養，出了這個門，你不再是單親的孩子，只是爸另外有家庭而已，現在老天爺把爸還給你了，十七年的時間，委屈你了，記得對阿姨要有禮貌，她的角色就一樣是媽媽，懂嗎？」「現在出了門，不要在乎我的想法，只要讓自己全心去感受這一切，去見爸爸，用心維繫你們之間的感情就好。」

小魚看我流淚，抱著我說：「母后，沒事，我還是在這裡。」

在等待小魚回來的時間，我讓兩位手帕交來家裡陪我一起等小魚，說不上來為什麼？我似乎感覺到小孩大了，有一種要離開我身邊的感傷。到了晚間十一點多，小魚手上大包小包回家，是爸爸給他的衣服。小魚一進門就大聲嚷嚷：「媽，原來我是幸福的，現在我有爸爸，阿姨，還有一個弟弟，媽說的對，我比爸還帥，比弟弟帥。」小魚這番話，頓時讓二位阿姨紅了眼眶，二位朋友笑著說：「小魚很棒喔！出門回來變成熟了。」

這真的是一個很大的轉變，突然間小魚度過了叛逆期，態度更成熟，也更懂得疼惜媽媽，過去心裡缺失的那一塊補來了，心，滿足，人，也圓融成熟了起來。這是小魚的十七歲，一個天秤座的轉變。

過不久到了初一，小魚陪我去佛堂，一坐下來，佛爺就說珍惜你和父親短短的緣份，牽引你心裡所在乎的親情，這份俱足的緣份，不容易。

我很感恩在小魚即將離開之前，老天爺讓他帶著完整又滿滿的愛遠行，謝謝老天爺這一切的安排，讓小魚一路走來，求得工作，懂得布施，獲得善待，圓滿了人間的一切緣分，回到佛祖身邊去了。

04 腦死判定

毛哥：「我一直縈繞於心的，就是想了解當時小魚的最後一刻，你是怎麼做出決定的？因為這個決定，你成就了多少人的幸福，我乘載了這份幸福，也希望代替受贈者，多了解這份因緣的起心動念！」

「我們知道摘除手術其實只是受贈因緣的最後一道手續，之前必須有兩次的腦死判定，這個過程必定煎熬，我也聽說小魚的摘除手術前，其實並不順利，最後是你安撫了小魚，讓小魚自己來幫忙了，是嗎？可不可以請媽媽，在你可以承受的情況下，跟我們分享一下這個過程？」

媽媽：「嗯嗯，我可以，身為一個單親媽媽，我已經為母則強多年，最後我也想讓小魚的勇敢故事讓大家知道！」「當時，經過幾天幾夜的努力，終究無法挽回這條年輕生命。」

在放棄急救後，我一直在小魚耳邊與他講話。告訴他放下，告訴他可以把心回到初衷，再勇敢的跨出一步，把健全的器官捐給需要的人。媽媽並不希望事情走到這個地步，但是，小魚能醒來是最好，如果一輩子癱瘓又不健康，變成植物人，媽媽（哽咽）……寧願放手，因為你會不幸福、不快樂。

我在小魚耳邊陪他講話，雖然知道在生前他是願意的，但在腦死判定前的當下，我還是每天重複的提醒小魚要放下。

第三天，由於我本身的敏感體質，發現有兩個晚上的時間，小魚魂魄並沒有回來家裡（在傳統習俗中，人有三魂七魄，一魂跟著本體，一魂在事發現場，一魂通常受驚嚇過度，都會回到最後的記憶地點）。所以隔天早上回到加護病房，醫生告訴我，器捐要先有判定腦死這個過程，如果這一兩天可以的話，試試接受判定。

我請醫生等等小魚，同時也一起和器捐社工溝通，希望能等到農曆十五之後再作判定，主要是因為習俗中，小魚的魂魄還沒處理完畢。器捐協調師就像個天使，她用理解和尊重答應了我的堅持。

毛哥問媽媽：「習俗裡要怎麼找回小魚的魂魄？」

「先到佛堂求佛爺幫忙，請佛爺查證之後，確認小魚的一條魂魄尚未回歸。」

「我求佛爺開一道符令，我拿著符令到小魚公司門口外面先用火化掉，口中默念呼請佛爺佛號，神佛將會遣派將軍到來引路，幾分鐘後，我再打開一件小魚穿過的衣服，撐開在我胸前，進去他公司常待的地方，喊叫他的名字，呼叫了多聲之後，叫著小魚的名字走出公司，撐開黑色雨傘，讓小魚的魂魄不要見光。到車上，衣服折一折，收傘，衣服包在雨傘裡面，一路喊著他名字跟我回家，到了家裡停車場，拿著雨傘上樓，在小魚的房間裡，先關上窗簾遮蔽所有光線，再把傘打開，打開衣服平放床上，呼叫他的名字：媽帶你回家了。就這樣，他的一條魂魄回到房間裡，回歸本體。」

下午腦死判定過程一路順利。

「還有四天才農曆十五，面對著冰冷的小魚，每天肝腸寸斷的情緒經常讓我崩潰流淚；也許我說的話他都聽見了，此時突然看到小魚身上的生化管線裡的血水竟然瞬間加快速度流動；這個時候我用掌心輕撫著他的心，告訴他，不要擔心，不要害怕，有媽在一切沒事，過去你長期的廚師工作也累了，好好休息，媽陪著你挺住，我們還有重要的使命，如果今生你的生命不能完美度過，那就把器官和愛留在人間，撐住！農曆十五，媽要去佛堂請佛爺幫忙帶你的魂回家，我想你應該在公司裡了，再加油一下。最後一次聽媽的話，不要亂跑，待在病房看護士美女，聽聽音樂。」空間裡的一切都很安靜，我知道他懂了。

一直到了農曆十五，一早我進去佛堂，筊杯一問之下，果真小魚的一條魂魄還在外面，飄蕩在公司陰暗的角落。十點十分時辰一到，我請佛爺開符令，派遣將軍跟著，讓我順利帶回小魚魂魄。才一離開佛堂，器捐協調師就打電話來：

「十點二十分，小魚腦死判定過了。」我把車停在路旁，難過的泣不成聲，一個人實在無法開車，選擇在車上痛快地哭出所有的痛苦與不捨。

到了小魚公司，請老闆給了方便之後，順利的把小魚帶回家，讓他安靜乖乖地待在房間裡。就這樣，我沒有哭，安靜地和他在房間裡待著，說著話給他聽。

房間突然好冷，我知道他的魂魄回來了，但心裡卻很難去面對這樣的事情，就這樣待了好久，最後還是動身去了一趟醫院，看著病床前的小魚，面對今日腦死判定的這一幕，要我如何承受這個錐心刺痛的事實……

四個小時後，午後二點十分，醫生報告出來：小魚二次腦死判定順利過了。這對我不諦又是一次打擊！但我安慰自己，為了小魚，為了小魚的器官捐贈，這是必經過程，只是那種心理的痛，不是不解，是不能受。

車禍第一天，醫生判定小魚有一顆腎臟受損，造成腎臟功能指數偏低，無法構成完美的捐贈標準；到了腦死判定後，指數依然沒有回升，醫生提醒我們，如果到了明天還是不行的話，腎臟這部份就得放棄捐贈一顆。我默默點頭表示理解，轉身進去病房告訴小魚：「你傷的好重，一顆腎臟有點受傷不能捐贈，是不是自己加油一下把它恢復好，你就比較不會痛。」不多時，我又開車回到佛堂，跪在佛爺前面三柱清香淚流滿面，我向佛爺訴苦，不求什麼，只求讓這孩子不再有病痛，順利走完一程，讓他明早器官捐贈順利。

隔天一早，預定七點三十器官摘除手術，我在家等不及天亮，懷著一顆忐忑的心來到加護病房，護士對我和小魚溫馨談話，要他堅持、要他挺住，只是我……早已心疼的泣不成聲了。

醫生來告訴我，一早給小魚抽血檢查，本來昨晚的腎臟指數還是低迷，結果今早驗血後，小魚腎臟指數瞬間恢復到了完美指數，醫生說正常到不行，現在二顆都可以進行捐贈了，他無法用醫學去分析這件事情，只能說一切都是天意。醫生跟小魚說：「謝謝你的勇敢，你很棒，很帥的英雄。」我引以為傲，教導小魚的，把愛還給慈悲，他懂得！也許上天也憐憫這一切為善的起心動念，即便揪心，也因為因緣俱足，終於成就了這件功德！

人生於天地，死於天地，最後贈與自然；猶如自然界一鯨落，萬物生，終於成就了一場美麗又殘忍，殘忍卻包容的慈悲。

05 蝶古巴特

毛哥：「我一直相信：有喜有悲的生命，更能體會幸福的真諦；小魚的離開，也許他是用生命提醒你更珍惜生命中的幸福；也喚起你更多創作的靈感！」

「我知道你喜歡創作，也是一個小有名氣的碟古巴特創作家，在小魚走了以後的日子，你是如何將思念的痛楚，如何轉變成你創作的靈感？」

媽媽：「蝶古巴特是美麗的手作。在這胡思亂想的手作埋頭將近七年，小魚都說那是我的玩具。」

他也是一雙柔軟手指，很會畫畫的手，有時閒到荒又好奇，還會一同手作，材料滿室，成品滿屋，工作桌永遠沒有整齊，他從沒有一句抱怨。

小魚出殯後，我承認沒有辦法再冷靜，可是，空蕩屋子有他滿滿的影子，只是，我腦袋是空白的，眼睛是空洞的。

拒絕了朋友的陪伴，睡不着，夜不成眠，總是暗自流淚。

誰也無法想像，一個人不自覺的流淚，是承受了多大的傷。這個過程曾強忍不在小魚面前流淚，我只能選擇蹲在醫院門口哭泣，每個人都叫我不要哭，不要哭的刺激更傷不是嗎？為什麼就沒有人跟我說好好哭一回，哭完擦乾眼淚就不再哭泣呢？

再過幾天就要過年了，一早想要喝杯咖啡，緩慢了所有生活的節拍才出門，要鎖門時候，看見門外一雙小魚的靴子，一個念頭上來：不要丟，不想丟，捨不得丟，因爲有他的味道。

去了園藝店，買了幾棵討喜的多肉植物，希望它能暫時療癒我心上的破洞，而瞬間一個莫名其妙的想法讓我多買了幾包水泥砂。

鞋放久了也會壞，用水泥砂幫小魚再做一雙靴子吧，永遠不會壞的一雙鞋！

回家後，這些多肉植物跟水泥砂像是被遺棄的心情一般，在陽台被丟棄二天。

每當拿起鞋想要開始創作的時候，總是眼淚模糊了視線，心都被淚水淹沒了沒辦法動手，過幾天才告訴自己該振奮起來，可以做好的，我可以的！

終於逼得自己起身動手，把水泥砂灌入靴子，仰望陽台天空，連呼吸都是困難，回過神來再將其他的水泥砂用塑膠袋做成盆器。就這樣，一雙鞋種滿多肉植物，一個破了洞的盆器，卻像是他的心開起花朵。這是小魚走後的第一個作品，充滿了小魚的味道以及對他的思念。

二個月時間，我沒有多餘的力氣及想法玩蝶古巴特，突然發覺筆很重，心更重，所以下不了手。我只好把精神都放在多肉植物，用多肉植物來療癒我自己。

直到學生來了電話，問候之外，還要請我打個樣本，有一團課可以開課了。我答應之後，只能拿起胚體，給自己一個深呼吸，翻轉自己思緒，慢慢地再開啟自己的靈感，以不曾有過的天馬行空方式，開始創作蝶古巴特。一天接著一天，我讓自己的手很忙，忙的忘記自己的傷，讓學生繼續來上課，我開足了馬力，掙脫悲傷的心，畢竟，小魚很支持我的手作，這是我最愛的玩具，只是每當坐下來的時候，難免還是心繫念著小魚。

當一個家四處都有觸摸不到的影子的時候，那種傷雖然難以承受，但死亡可以讓人淬鍊出更大的勇氣，事情終究會過去的，畢竟活著的人更要珍惜生命的一切，有喜有悲的生命，才更能體會幸福的真諦！

生命如果沒有悲傷的平衡，那麼幸福這個詞就失去意義。

——卡爾·榮格

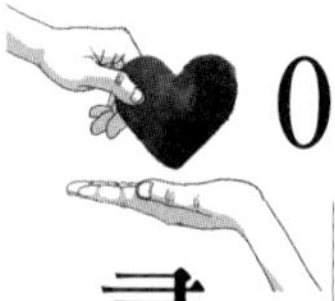

06 尋覓

毛哥：「你一直沒有放棄找到小魚的受贈者，但是這種緣分求不得，在現有的法令跟制度下也不可行！如果真的讓你遇見了，你會擔心以後的生活或是對方的生活被打亂了嗎？」

媽媽：「從器捐那一刻，我明白小魚的生命已然再生延續著。」

「但明白歸明白，我仍然盼望老天有顆慈悲的心讓我可以再抱抱我的孩子，不管他現在在誰的身體裡面，我會永遠的祝福他，然後勇敢的再往前走，這是我衷心的盼望……」

「我渴望一年一次的音樂會（會有受贈者受邀分享他們的故事），心裡滿滿的等待，但光是等待仍然讓自己的心走不出來，走不出來的不是遺憾無緣的生命走到盡頭，而是出事到器捐這條路的過程充滿心酸，我一個人獨自走過，一顆淌血的心默默地堅持下去，我不喜歡『偉大』這個字眼，也不需要『偉大』這個頭銜，只求好好處理兒子的後事，為他做到圓滿沒有遺憾。」

「我每天都在期盼能遇到隱藏版的孩子，我也清楚的告訴自己，若上天能厚愛讓我遇見心臟受贈者，讓我再聽見一次小魚的心跳聲，或許這會是我走出來的唯一出口；也許讓我遇見眼角膜的受贈者，我也能看見有別的人代替他看見媽媽了。」可是，看見了又如何？聽見了我又該如何回應？我反覆的問自己，一直到音樂會的前一晚，心情還是那麼忐忑不安，是期待？還是造成另一個傷害？

音樂會上，我的眼光一直注視受贈者那一區，用視角去尋找每一個受贈者的目光，但怎麼可能看的出端倪呢？「我是一個傻瓜」，我狠狠地罵了自己一聲，卻也只能這樣偷偷諷笑自己。但渴切的眼光還是不自主地尋找著。我笑自已很傻，看看又有什麼關係呢？一切隨緣吧，沒關係的。

音樂會節目安排了一首「月亮代表我的心」，小魚的視網膜是不是也正在看著今晚皎潔的月亮呢？莫名的脆弱瞬間又讓我崩潰。狼狽的自己在現場冷靜一會兒，決定去搭訕隔壁的捐贈者家屬，是不是有遇見他兒子的受贈者？她說：「二年了，沒有緣份遇見。」望著她故作堅強的姿態，我知道故作堅強也是一種堅強，我提醒我自己孩子大了，該放手就放手，孩子想媽媽的時候，就在夢裡回來尋著。

毛哥：「這場音樂會結束之後，你有什麼收穫嗎？」

「音樂會結束與社工拍照完，我先行離開，離開前無心的眼光還是尋索在某些角落，也許機緣巧合會讓我碰上了……我回頭佇立，心裡雖然有些悵然，仍然是感恩這場音樂會，感恩這所有的一切。因為有愛，所以我還存在。我帶著滿心的溫暖，獨自走上了二樓捐贈部，看看小魚的英雄牌（捐贈者的紀念銘牌），我伸出手指摸摸銘牌，摸著摸著，心開始痛了起來，我找不出什麼字眼可以形容；開車之後，自己回想一下，找到又如何？除了解開自己的心，能給得起受贈者什麼回饋？或許是一種無形的困擾罷了！平安，人在就好。」

毛哥：「所以這幾次的探尋都沒有什麼結果嗎？」

「沒有，隨緣吧！」

媽媽話鋒一轉，很感性的說：「所以毛哥，其實你是幸運的！老天早早安排這樣的緣分，讓你們相遇之後好好說出感謝，彼此都能努力的繼續往前，珍惜眼下，日子終究是要過下去的。」

「有心求，無心得。」毛哥：「生命總是在不經意間承受的，不要刻意的去追求，刻意的去追求是得不到真正的平常心。」世間癡人總是在逃避命運的途中，與自己的命運不期而遇；也許，這樣的結果是最好的吧！

人們總是在逃避命運的過程中，與自己的命運不期而遇。

07 悼劉真

劉真還是走了，最終幸運之神沒有降臨，她來不及等到心臟！

在科比的追思會上，喬丹說了一句話：科比的離去，意味著自己身上的某些部分隨之而去，但是有另外一部分，也永遠保留在身體裡。

這句話基於我是個器官受贈者的立場特別能夠感觸。

今天真是一個好傷感的一天！

人生就是不斷地放下，但最遺憾的是我們永遠來不及好好告別。

終章

屬於自己的輝格史觀

處理回憶，對於處女座的人是需要有非常正式的儀式感，通過對回憶的接納、感恩和一個正式的告別儀式，人生才能更加活在當下，接納自己，遠離過去帶給自己的陰影。處女座常常有很多心裡的小劇場，糾結的個性常讓我斷斷續續的擱筆，而書寫過程最後一次的掙扎，就是為了要不要寫出隱藏在人生勝利組的背後其實都是生活中的脆弱與不堪？

以一種人生勝利組的姿態寫書最容易，這種成功方程式的心靈雞湯人人愛看；一種沒有人經歷過的人生過程，我相信也能提供市井之間茶餘飯後的談資；我相信讀者多半是善良的，也願意縱容我以倖存者的姿態，消費一般大眾對器官受贈者的同情，這是一種極為理想的故事角度。但處女座的拗彆卻很難讓我做這樣的處理，就好像大家總帶著定焦的鏡頭，在成功者的光環底下去尋找故事，這種只求自己想要的解讀視角在歷史學派中稱之為輝格史觀，一種帶有偏執的、自以為是的想當然耳！

輝格史觀其實是一種貶義的歷史視角，這個學派對歷史的解釋往往是從今天的價值出發，從一個事後諸葛的視角簡單解釋歷史事件的意義。簡單講，就是一種套路看主角如何從人生的巔峰跌落谷底，再從谷底奮發向上的成功勵志雞湯。一個完美的故事架構，總能牽動許多同情的心情，但如果故事之中有過多的粉飾，又如何能讓人感動？

這本書前前後後醞釀了四年，由於自己的人生太過跌宕，寫作的過程經常讓我緊張的心悸，但或許只有如此剝去傷疤回顧才能真實的呈現這種情境，從死亡走回人生，視野隨之有所不同，所以這本書，我想和你談談死亡這件禁忌以及面對死亡的人生態度，就像格林童話《布萊梅城市樂手》中的四隻老動物一樣，他們老了，被主人所遺棄，但憑藉著互助、樂觀和勇氣，打跑了強盜，在森林小屋之中愉快的生活下去，故事的最後也是這本故事書最經典的一句話：

「不管在什麼情況、不管在什麼地方，你都能找到比死更好的事物。」

過往無可細數，歲月面無表情，但漸漸也能發現，一個人活著其實也僅僅是一個人的事，我不想有一個人云亦云的第二人生；這本書是我自己的視角，甚至有時我會偷用老天的視角，俯瞰這段原本早該還給老天爺的生命，到底活成了什麼樣子？是平庸？還是精彩？替老天算算這筆帳值不值得？

真正勇敢的人，應該是那些最知道人生的災難與憂患，卻仍然義無反顧，承擔起所有未知的責任與變化的人吧。

死亡的告別不容易，但其實「認真活著」，又何嘗不是充滿勇氣的一種選擇！於是我用屬於我自己的視角，真實地寫下一路走來的過程，人生哪有什麼永遠的勝利組，真實的面對自己也許才是突破輝格史觀的法門。

勇敢不是因為無知，而是知其必然而無懼！

感謝

該感謝的人太多了，請容許我用一個篇章來感謝！

感謝新興國中一一三與中正高中三愛的同學們，你們在我手術期間守護在手術室外，親眼見到受贈的心臟，在專業人員的護送之下，從眼前飛馳而過，替我見證了一個奇妙的機緣。

感謝中國人壽、聯太公關、摩奇創意、東方經緯的同袍戰友們，你們的溫暖以及即時的支援，替我安撫了家人的徬徨與無助。

我要謝謝惠文高中蔡淇華老師對我的寫作指導，為我引薦了時報出版，不僅指導了我的文章，也指導了身為人師、人父應有的氣度與高度，讓我終身受用！

謝謝我最親愛的二姐與二姊夫，沒有你們成為我背後最堅實的靠山，我走不出二〇一六年那個最寒冷的冬天！

尤其要感謝政大ＥＭＢＡ、台商班、台灣菁英協進會的同學好友們，你們出錢出力為我奔走，在我昏迷期間每天不斷地加油集氣，你們的念力無比強大，讓我在魂遊太虛之際，最終還能回到充滿煙火氣的人間。

這本書我還要感謝所有幫助過我的朋友們，你們預知生命重建的過程會有多坎坷，於是為我鋪墊了一條道路；四年來超過四百次的復健、花費上百萬的費用，風雨無阻、不敢懈怠，就為了不辜負你們每一分錢的心意。但請原諒我無法親自向每個人致謝，因為經過醫師、心理輔導老師以及家人的共同決議，為了避免未來的困擾，即便會承受巨大的輿論壓力，他們也決定封存所有的捐款明細不肯讓我知道，讓這份恩情與關懷，永遠埋藏在彼此的心中。

最後要感謝已經在天上的老父與老母，你們樸實敦厚的個性遺傳在我身上，讓我在最艱難的時候，仍然記得保持微笑！

失去心跳的勇氣

作　　者—黃健予
主　　編—林菁菁
企劃主任—葉蘭芳
封面設計—陳文德
封面題字—葉曄
內頁設計—李宜芝

第五編輯部總監—梁芳春
董 事 長—趙政岷
出 版 者—時報文化出版企業股份有限公司
108019 台北市和平西路三段 240 號 3 樓
發行專線—(02)2306-6842
讀者服務專線—0800-231-705・(02)2304-7103
讀者服務傳真—(02)2304-6858
郵撥—19344724 時報文化出版公司
信箱—10899 臺北華江橋郵局第 99 信箱

時報悅讀網—http://www.readingtimes.com.tw
法律顧問—理律法律事務所 陳長文律師、李念祖律師
印　　刷—勁達印刷股份有限公司
初版一刷—二〇二一年四月一日
初版二刷—二〇二一年五月十一日
定　　價—新臺幣三二〇元
（缺頁或破損的書，請寄回更換）

時報文化出版公司成立於一九七五年，
並於一九九九年股票上櫃公開發行，於二〇〇八年脫離中時集團非屬旺中，
以「尊重智慧與創意的文化事業」爲信念。

失去心跳的勇氣 / 黃健予著 . -- 初版 . -- 臺北市 : 時報文化出版企業股份有限公司 , 2021.04
面； 公分

ISBN 978-957-13-8754-3(平裝)

1. 生死觀 2. 器官移植

191.9　　110003147

ISBN 978-957-13-8754-3
Printed in Taiwan